HOW TO READ
SYMBOLS

シンボルの謎を解く

クレア・ギブソン 著
乙須 敏紀 訳

目次

INTROD

序文 ——本書の目的と構成——

優れた美術作品を鑑賞するとき、誰もがその美しさに魅了され、官能を揺さぶられる。そして誰もが、作品の持つ力に圧倒され、生きることの喜びを感じ、勇気を与えられる。あるいは反対に、陰鬱な気分にさせられ、暗闇に投げ込まれ、絶望させられた経験を持つ人もいるかもしれない。しかしただそれだけでは、つまり、作品の奥に隠されている秘密を見ないならば、そして何を見ているのかを真に理解していないならば、作品のほんの小さな一部分を見ているにすぎない。なぜなら、大部分の美術作品はシンボリズムを通じて意味を伝え、そしてシンボルとは、それ自身以外の他の何かを伝えるものだからである。

芸術家が絵画や工芸品の中に潜ませたシンボルを探しだし、それらのつながりを解読することができたとき、その作品の背後に隠されている意味と寓意の豊かな世界が眼前に開けてくる。なぜなら、シンボリズムの普遍的な力に導かれ、芸術家も鑑賞者も、創造媒体の物質的制約や文化的境界線を踏み越え、深く人間精神の根源に辿り着くことができるからである。

本書ではシンボル的な図像を地域別、宗教的シンボル、アイデンティティのためのシンボル、シンボル体系の順序でテーマ別に編成している。しかしこのような編成を越えて、より大きな広がりを持つシンボルもあることは言うまでもない——そのこと自体が人間意識と文化の複雑性の証明である。

シンボルの中には、たとえば色やある種の鳥獣によって象徴される特性のように、その意味をほとんど説明する必要のない

UCTION

シンボルもある。なぜなら、それらのシンボルに対するわれわれの反応は、まさしく本能的なものだからである。分析心理学の創始者であるジークムント・フロイトとカール・グスタフ・ユングは、その先駆者的な研究を通じて、人間の心には生まれながらにして、シンボル的に思考し、シンボルを通じて考えを伝達する属性が備わっていること、それゆえシンボル言語、特に元型的シンボルは、時間と空間を超えて存在するということを提起することによって、この考え方を発展させた。この観点から、本書に掲載されている多くの美術作品やシンボルのディテールが、彼らの理論に従って検討され、それによってシンボリズムが、まさに古代から受け継がれてきた普遍的な言語であることが証明される。

とはいえ、世界中には多くの異なった文明、信仰、社会、文化が生起し、それぞれが独自のシンボル言語を発展させてきた。諸民族はシンボル言語を用いて、宗教的概念、個人的および集合的アイデンティティ、抽象的理論、思想を構築し、表現してきた。本書は、すべての時代、すべての大陸に広がる美術作品の豊かな鉱脈に沿ってシンボルとシンボリズムの文法を概観し、オスカー・ワイルドが『ドリアン・グレイの肖像』の冒頭で述べた、「すべて芸術は表面的であり、しかも象徴的である」という言葉の真の意味を洞察していく。

母と子
Mother and child

キリスト教美術の主要なテーマの１つである聖母子像は、母と子を共に描くことによって多産と豊穣を願った古代からの伝統を継承している。それゆえ聖母子像は、キリスト教の教義の神聖なる表現であると同時に、元型的図像でもある。

はじめに *Intoroduction*

p.141「正方形」
p.177「ユグドラシル」
も参照

「人は象徴作りをする傾向を持ち、無意識のうちに物や形を象徴に変容させていく。…そして宗教や美術の中にそれが表現されている。」と、カール・グスタフ・ユングは『人間と象徴』（1964年、アニエラ・ヤッフェ編、河合隼雄監訳、河出書房新社）の中で述べているが、彼のこの洞察は、どの大陸にも見られる先史時代の洞窟壁画によって証明されている。その古代絵図は、われわれ現代人にもなじみの深いさまざまな動物の姿や手形で満たされているだけでなく、周知のように、その後に現れた文明は、それらの図像にシンボル的な意味を付与してきた。人間はいつの時代も周囲のものをシンボル化してきたが、先史時代の狩猟成功を祈る単純なシンボルは、その後、宗教的なシンボル、アイデンティティのためのシンボル、シンボル体系へと発展していった。そしてそれらは世界全域で豊かな文化、美術的伝統へと集大成されていった。

生命の樹 Tree of life

13世紀イギリスの装飾写本『アシュモル動物寓意譚』の1葉。1対の空想上の動物が、いままさに生命の樹の枝にとまっているハトを口にくわえようとしている。生命の樹は宇宙の本質を表す普遍的なシンボルであり、生命と死の永遠の輪廻を表現している。

樹 Tree

春から夏にかけて勢いよく生長し、秋には色づき落葉する落葉樹の毎年繰り返される周期は、生命の輪廻を象徴する。その一方で常緑樹は、永遠の生命を象徴する。有名な北欧神話のユグドラシルのような宇宙樹を創造した文化もあれば、樹によって、血統や、神聖なあるいは世俗的な概念の連続性を象徴する文化もある。

魔 女 Witch

ユング派の理論によれば、人間の集合的無意識のなかには多くの元型的シンボルがうごめいており、それらは時間も場所も超越して存在しているとされる。その１つが、悪魔の使者の助けを借り、邪悪な目的のために黒魔術を使う醜悪な老女によって象徴的に図像化されている魔女である。

船 Ship

人の一生を旅にたとえ、そのようなものとしてシンボル的に視覚化する営みは、世界中のどの文化にもみられる。こうして寓意的な絵画では、船は、魂の容器（肉体）あるいは生命の水流によって導かれる乗り物を意味する。それはまたキリスト教教会を表す場合もある。

正方形 Square

美術では、形は多くの場合シンボル的かつ寓意的な意味を持つ。たとえば、見るからに堅固で安定性のある形、正方形は、地球そして物質を表す。正方形はまた４つの角を持つことから、方位、エレメント、季節など４つの要素によって成り立っているものを暗示する場合もある

宇宙と自然世界
The cosmos & the natural world

p.55「ラー」
p.77「サンカチナ」
も参照

人類の曙の時代、われわれの先祖にとっては1日1日をいかに生き延びるかが最重要の問題であり、頭の中の大部分がそのことで占められていた。先史時代の岩絵の多くが、狩猟の様子を描いているのはそのためである。その後人類は、狩猟採集に基づく移住生活から、農業に基づく定住生活へと生活様式を変えていったが、それは美術様式の中にも色濃く反映されている。穀物の実りを左右する決定的な要因は、いうまでもなく太陽と水であるが、十分な年間日照量と降雨量を確保できるかどうかは、人知を超えたところにあった。自然の力を理解し、それを支配したいという人間の根源的な欲求は、それらを神格化された存在や現象として視覚化することに帰着し、文化の黎明期の宗教的美術に見られるシンボル的な表象へと結晶化していった。

太陽の顔
Face of the sun

太陽円盤の表面に定型化された人間の顔を描く営為は、太陽は太陽戦車に乗って天空を旅するという古代神話からの伝統である。この豊満な太陽の顔は、1817年にイタリアで作られた儀式用馬車の「エジプト風」車輪のレリーフのために定型化されたものである。

シ カ Deer

シカ、アンテロープ、バッファロー、バイソンなど、大きな群れをなして生息する動物が、旧石器時代の人類の主な狩猟対象であった。人々は、それらの動物を岩に描くことによって、願望が現実となることを祈った。岩絵は、狩猟儀式のためのシンボルでもあった。

太陽戦車 Solar chariot

宗教的なシンボル的思考が発展するにつれて、太陽は、乗り物に乗って毎日天空を旅するものとして図像化されるようになっていった。古代エジプト人はそれを太陽の船として描いたが、ヒンドゥー教の太陽神スーリヤの図像に見られるように、人格化された神が戦車を操っている姿として表象する文化もある。

水 Water

肥沃な土地が維持されるためには、定期的な降雨や河川の氾濫が不可欠であった。また大地の豊かさに頼って生活する人々にとっても、海は重要な栄養供給源であった。こうして、模様化された波は、たとえば地中海文化の美術品に見られるように、肥沃さを表すシンボルとなった。

トウモロコシと小麦 Corn and wheat

主に穀物生産に頼って生活する民族においては、当然ながら、穀物の絵がいたるところに描かれる。古代エジプト、ギリシャ、ローマを始めとする多くの文化で、生命を象徴するものとしてトウモロコシや小麦が、時に束にされた穂として、そして豊穣の神々の持物の一部として図像化されている。

宇宙論と神々 *Cosmologies & deities*

p.165
ゼウス／ジュピター」
p.104-5 **「ヒンドゥー教のトリムルティ」**
も参照

天体、自然現象および地球上の生物を神格化する営みは、やがて精緻を極めた宇宙論、神話、神々の物語へと体系化されていった。たとえば北アメリカの先住民は、土着の動物たちを創造神あるいは文化英雄として神話化し、またオーストラリアの先住民アボリジニは、ドリームタイムと呼ばれる壮大かつ精緻な創造神話をいまなお伝承し続けている。神々の物語に関していえば、いうまでもなく古代ギリシャ-ローマの神話に登場する神々がその後の人類の歴史に最も大きな影響を及ぼしてきた。しかしヒンドゥー教のさまざまな男神、女神もまた、いまなお人々に崇拝され、大きな影響力を保持している。その特異性（多くは習合の結果である、p.247参照）にもかかわらず、世界各地に伝わる神話の間で、似たような立場にある神々を象徴するシンボルや持物の間に根源な類似性があることは大きな驚きである。

最高神 Celestial throne

雲がジュピターの玉座の基台をぼやかしている（ジャン・オーギュスト・ドミニク・アングル『ジュピターとティトゥス』、1811）。アキレスの母親であるティトゥスが、天空の神であり古代ギリシャ-ローマ神話の最高神であるジュピター（ギリシャ神話ではゼウス）に、息子に有利になるようにトロイ戦争に介入してくれと懇願しているところ。

雲 Clouds

絵画では、雲は多くの場合単純に降雨そして豊穣を象徴する。しかし雲はまた、目に見えるが非物質的であり、常に形状を変化させ、その背後にあるものを覆い隠し、時に神々しい光の帯を地上に投げかけ、神秘的な雰囲気を漂わせる。こうして雲は、神の玉座、乗り物、さらには神の隠れ家さえも意味するようになった。

クモ Spider

無から美しい銀の網を創造するように見えるクモの能力は、人々に畏敬の念を呼び起こす。そのため、宇宙をクモの巣のようなものとして表象し、それゆえクモを天地創造の主として表象する文化もある。たとえば北アメリカ先住民ナバホ族の神話では、世界はクモ女によって織り上げられたものであり、彼女はその後ナバホ族の女たちに機織りを教えたと伝えられている。

コヨーテ Coyote

北アメリカ先住民の神話では、コヨーテは相反する役割を担っている。コヨーテに天地創造における重要な役割を担わせ、文化英雄の１つとみなす部族もあれば、トリックスターとみなす部族もある。コヨーテの持つ性質のすべてが、北アメリカ先住民の美術の中で生き生きと表現されている。

トリムルティ（三神一体） Trimurti

絵画や彫刻で、３つの頭部を合体させた神の姿で表されることが多いヒンドゥー教の三神一体は、ブラフマー（創造神）、ヴィシュヌ（維持神）、シヴァ（破壊神）によって構成されている。彼らは一体となって宇宙の本質、そして万物の誕生、生命、死の相関原理を表す。

社会的シンボリズムとシンボル体系
Social symbolism & symbolic systems

p.21「王冠」
p.31「ボディーアート」
も参照

社会が発展していくにつれて、シンボリズムと美術の融合が進み、シンボルは社会的アイデンティティのさまざまな側面を伝達する手段としてますます頻繁に用いられるようになった。部族や集団の集合的アイデンティティが、彼らを特徴づけるシンボルを飾ることによって内外に示威された。また、最高位の社会的権威を示すためにシンボルが用いられるようになり、シンボルは、支配階層によって厳格に管理された。シンボル体系はまた、統治者の歴史を記録し伝達するための古代の表記体系とともに進化していった。その最高度の完成を、エジプトのヒエログリフに見ることができる。ヒエログリフは当初、ある概念を表現するための絵画的シンボルとして使用されていたものであった。さらに人間の想像力は、さまざまな空想上の動物を創り出し、それを通じて人知を超えた出来事や複雑な概念をシンボル化した。

王権の象徴としてのシンボル
Symbolic regalia

神聖ローマ帝国皇帝オットー２世が、諸侯の代理人から忠誠を表す貢献の品々を受け取っているところ（『皇帝オットーの福音書』、11 世紀ドイツ彩色写本）。皇帝オットー２世の優位性が、彼の座る玉座、王冠、笏、オーブによって象徴されている。

アフリカン・マスク African mask

アフリカン・マスクは、それをかぶるものに他の成員と区別されるアイデンティティを付与すると同時に、部族の集合的アイデンティティを顕現する。族長がかぶっていたこのチェクウェ族の仮面は、部族に繁栄をもたらす精霊チホンゴを表している。チホンゴの額に刻まれている十字形のスカリフィケーション（傷痕文様）は、シンゲリエンゲレと呼ばれ、チェクウェ族の創造神ンザンビの象徴である。

オーブ Orb

公式肖像画では、ヨーロッパの君主はオーブを手に抱く姿で描かれていることが多いが、その球形の形は地球を表し、時にその上に載っていることがある十字架は、キリスト教を象徴する。このオーブは、イギリス国王と神聖ローマ帝国皇帝のどちらの標章にも使われているものであるが、地上におけるキリストの代理者として、地球規模の統治権の所有者であることを示している。

ヒエログリフの表意文字
Hieroglyphic ideogram

古代エジプト人は絵画的シンボルにもとづく精緻な表記体系を確立したが、それは主として４つの要素、象形文字、表意文字、表音文字、決定詞から成り立っている。上に示した表意文字は、人間の２本の下肢を表しているが、動きを表す決定詞として用いられている。

ミノタウロス
Minotaur

ミノタウロスは、クレタ島ミノス王の妻パシパエと牡牛の間に生まれた子供である。彼は王宮内のラビリンス（迷宮）に幽閉され、差し出されるアテナイの若き男女の生贄を貪り食っていたが、若き英雄テセウスに殺される。牡牛の頭部と人間の体を持つミノタウロスは、人間の心の奥底に潜む獣性を象徴している。

SYMBOLS & SYMBOLISM

無意識のシンボリズム
The symbolism of the unconscious mind

p.49「シャクティ」
p.173「ヘラクレス／ヘールクレース」
も参照

20世紀になると、ジークムント・フロイトとカール・グスタフ・ユングの仕事によって、人間精神についての新たな理解の道が切り拓かれた。それはまた、芸術の創造とその解釈に新たな光を投げかけるものであった。フロイトは、人間の精神はイド、自我、超自我によって形成されているという理論を導入し、そのうちイド（無意識）は、本能的衝動（とくに性的衝動）を象徴的に表現すると説明した。一方ユングは、人間精神は意識、個人的無意識、集合的無意識の3つからなり、その集合的無意識の中に元型的シンボル——人間の普遍的経験の表象——が横たわっていると述べた。フロイトとユングのどちらの学説においても、元型的シンボルは夢に、そして芸術に表象される。

英雄像 Heroic figure

強健な若者が両手で角を握って、シカを地面に押し付けている像（青銅、ポンペイ、イタリア、1世紀）。この元型的英雄像は、ヘラクレス（ヘールクレース）の3番目の功業である、「ケリュネイアの雌ジカの捕獲」を表している。

ヒンドゥー教のリンガとヨニ
Hindu lingam and yoni

ヒンドゥー教や仏教タントリズムの宗教画で見ることが多いリンガは、古代インドにおける男根の象徴である。一方リンガに貫通されている形で示されることの多いヨニは、女陰を象徴する。リンガは男性原理（とシヴァ）を、そしてヨニは女性原理（とシヴァシャクティ）を象徴し、その結合は、男女の性の交わりを象徴する。

モロク
Moloch

悪夢、神話、おとぎ話、そして絵画でも、恐ろしい巨大な怪物が不気味にヌッと登場するが、それは人間の心の奥底に潜む恐怖を象徴している。旧約聖書には、子供をセム人の神であるモロクに人身御供として捧げる記述があるが、それは子供または独創的な考え（brainchild）が奪われる恐怖を象徴しているのかもしれない。

英　雄 Hero

ギリシャ・ローマ神話のヘラクレス／ヘールクレースに代表される英雄は、世界中の文学、伝説、説話、美術に登場する元型的人物である。たいていは、悪と戦い、その偉大さを誇示している姿で描かれる。英雄は男性原理の肯定的で活動的な側面を表しているが、その否定的な側面を表しているのが、元型としての悪漢である。

老賢女 Wise old woman

元型としての老賢女は、北アメリカ先住民のグランドマザーのように、たいていは優しいおばあさんのような姿で描かれるが、巫女の姿をしていることもある。老賢女は、経験によって培われた叡智と霊的知識を象徴し、彼女はそれを善のために使用する。その対極に位置するのが魔女である。

美術におけるシンボリズム *Symbolism in art*

p.141 上向き三角形
p.141「下向き三角形」
p.149「陰と陽」
も参照

絵画では、シンボルは常にそれとわかるように描かれているわけではないが、それに気づき、その意味を理解することができれば、絵画が伝えようとしている意味をより深く認識することができる。たとえば、数——多くは人物の数——や形（たいていは連係している）は、ある意味を含んでいることが多い。色もまたシンボル的な意味を持ち、たとえば赤は血を、それゆえ、生命または殺戮を暗示し、黄色は、太陽、黄金、幸福を象徴する。また空想上の動物は、神話に出てくるものを絵にしただけというよりも、ある特別な意味を象徴していることが多い。特に、象徴主義者（シンボリスト）やシュールレアリストの絵画ではそうである。反対に、絵画の端に書かれているある種のシンボル、たとえば、作者を表す印や頭文字の組み合わせたもの（モノグラム）などは、通常は深い意味を持たない。

象徴主義者（シンボリスト）の夢
Symbolist fantasy

フランスの画家ギュスターヴ・モロー（1826-98）の『妖精とグリフォン』。心の内なる真実と観念を表現するシンボル的な図像の源泉として、象徴主義の画家が神話から多くの霊感を得ていることをよく示している。グリフォンのような空想上の動物を描くことによって夢幻的な印象が強められている。

三角形 Triangle

3辺の長さの等しい正三角形は、どれも同じ重要性を持つ3つの構成要素からなるもの、たとえばキリスト教の三位一体、過去・現在・未来などを象徴する。また、上向きの場合は男性原理と火の要素を、下向きの場合は女性原理と水の要素を象徴することもある。

光と影 Lightness and darkness

絵画の光と影の部分は、それぞれ白と黒のシンボル的意味とつながっていることが多い。ヨーロッパ文化の伝統によれば、白は概して、昼、明るいこと、善、生命、純粋などの肯定的概念を表し、黒は夜、忘却、邪悪、死、崩壊などの否定的な概念を表す。

グリフォン Gryphon

古代エジプトとメソポタミアの時代から、グリフォン（またはグリフィン）が登場する神話が数多く残されている。警戒を怠らない黄金の守護神であるグリフォンは、通常鷲の頭と翼、かぎ爪、そしてライオンの体を持つ姿で描かれるが、それはこの動物が、空と陸の王者の力を合わせ持つ存在であることを象徴している。

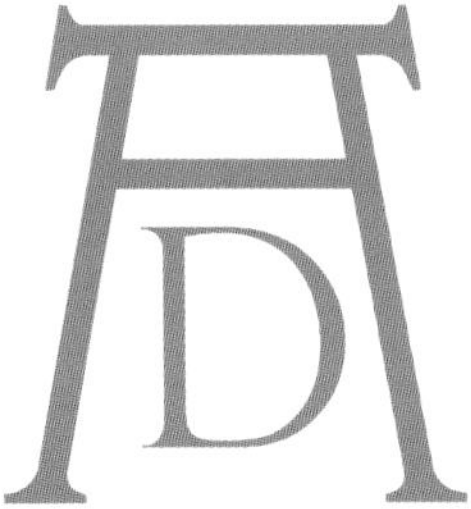

モノグラム（組み合わせ文字） Monogram

画家の中には、署名の代わりに、自分自身を象徴する特殊な記号を作品の中に描き込むものもいる。この独特のモノグラムは、ドイツの油絵画家・版画家であるアルブレヒト・デューラーのもので、彼のイニシャル(AD)を図案化している。

はじめに *Introduction*

p.7「母と子」
p.51「ゾウ」
も参照

名声や財貨を得たいという欲望とは別に、人間には心の内なる神や宗教的概念を表象したいという根源的な衝動から絵を描く性向がある。それは個人のアイデンティティを確信するためでもあり、他者とのつながりを確認するためでもある。また人間には、出来事や知見を記録しておきたい、抽象的な観念を表現したいという本能的な欲望もある。それが美術となるためには、美意識を満足させ、霊感を刺激し、教唆的であり、豊かな思想を含み、力強いものでなければならないが、その一方で、宗教的絵画や、アイデンティティの顕示、知識や概念の伝達に関係する絵画は、概ねシンボリックである。画家たちによって用いられるテーマやシンボルは、その多くが想像以上に、時代、大陸を超えて顕著に似ているが、それはシンボル的に思考するという人間の内なる性向の普遍性を証明している。

空想上の動物
Fantastic creature

この絵（19世紀半ばのタイの彩色写本）のように、アイラーヴァタは33の頭部を持つゾウとして描かれることもある。アイラーヴァタ（タイではエラワン）はゾウの王といわれ、仏教では、それを乗り物とするインドラ（漢訳では帝釈天）は、デーヴァ（天空の神々）の王とみなされている。

イシスとホルス Isis and Horus

母なる女神を描いた最古の図像の１つに、我が子ホルスに乳を与えているエジプトの女神イシスの像がある（牛の角の冠は、乳を生み出すものとしての彼女の役割を強調している）。この図像は、キリスト教における聖母子像の起源とも考えられている。

ペリカン Pelican

古来より、ペリカンは、わが子に血を飲ませるために、嘴で自らの胸を突き刺すという言い伝えがある。それを受け継ぐように、キリスト教絵画では、キリストが人間のためにわが身を犠牲にしたことを、そしてキリスト教における無償の愛（カリタス）を象徴するものとして、ペリカンが描かれることが多い。

王　冠 Crown

王冠、あるいは、それをかぶっている人物を他の人々とは違う特別な存在にする頭飾りは、区別を象徴する。絵画では、王冠は多くの場合、社会的、現世的あるいは宗教的な超越的権威を象徴し、最高位の統治者（宗教界および人間世界における）の、あるいはそのものに対する賛美（殉教者が身につけているとき）のシンボルとなる。

アイラーヴァタ Airavata

インドでアイラーヴァタ（タイではエラワン）と呼ばれる、３つまたは33の頭部を持つ優美な白いゾウは、天空の神インドラの乗り物である。ヒンドゥー教では、インドラは東の方角を守る神と信じられ、インドラが雷と関係があることから、アイラーヴァタは巨大な雨雲を象徴する。

天地創造 *Cosmic creation*

p.135
「アラビア装飾書法」
p.227
「フリーメーソンのシンボル」
も参照

宗教の多くが、いかにして宇宙が存在するようになったのか、それはどのようにして形作られ、それぞれの要素はどのように関係しているのかを物語る創世神話を有している。一神教(ユダヤ教、キリスト教、イスラム教)の経典では、唯一の神が宇宙を創造したとされる一方で、エジプトやギリシャ、ローマ、そしてヒンドゥー教のような多神教では、個性豊かな神々が、天地創造のいろいろな役割を担っている。とはいえ、多くの創世神話が共通したエレメントを有しているだけでなく、天地創造の様子とその構造が絵画に描かれるとき、そこにある種のシンボル——円が最もわかりやすい——が共通して登場することは、まさに特筆すべきことである。

創世の行為 The act of creation

「幻視者」の異名を持つイギリスの銅版画家ウィリアム・ブレイクが、自身の著書『ヨーロッパ：1つの預言』のために描いた挿絵『日の老いたる者』(1794、レリーフ・エッチング)。ユダヤ-キリスト教の神が、コンパスを持って天地創造を行っている。ブレイクの構図は、『旧約聖書』の『箴言』(8：27)に基づいている。

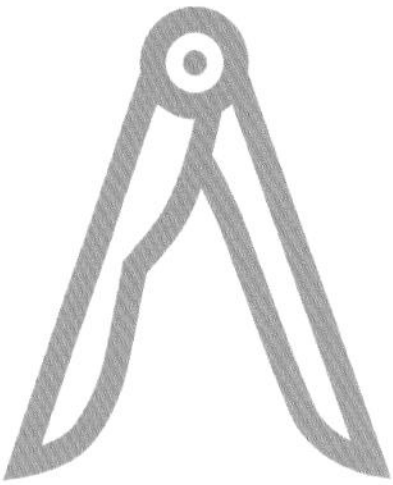

コンパス Pair of compasses

キリスト教絵画で天地創造を行っている神を描くとき、その神なる建築家はコンパスを握っていることが多いが、それは、コンパスが測定と創造の道具という理由からだけではない。コンパスは円を描く道具であることから、宇宙や永遠を象徴する円のシンボリズムを共有しているのである。

聖　典 Holy Book

「初めに言があった。言は神と共にあった。言は神であった。」という『新約聖書』の『ヨハネによる福音書』（1：1）の冒頭部分は、創造主である神と言葉を明確に結び付けている。このように、神の聖なる言葉は、キリスト教の『聖書』、ユダヤ教の『トーラ』（『モーゼの５書』）、イスラム教の『コーラン』によってシンボル化されている。

密教のヤントラ Tantric yantra

密教の神秘の図形ヤントラは、宇宙とその構造を象徴化したものである。蓮の花弁で縁取られた外側の円は、創造、存在の永遠なる循環、宇宙を表し、内部の複雑に組み合わされた三角形は、男性と女性の原理を表し、中心の点は宇宙の中心、絶対的存在を表す。

ウロボロス Ouroboros

自らの尾を喰う蛇のシンボル――*ouroboros*（「尾を喰う」というギリシャ語）――は、古代世界に広く見られる。その環状の形と自己吸収は、宇宙とその完全性（古代エジプト―ギリシャ）、永遠とサムサラ（ヒンドゥー教、仏教における輪廻転生）の象徴である。

さまざまな神 *Different deities*

p.53「シャンゴ」
も参照

多くの文化が神々の織り成す物語を有しており、個々の神々は人間的経験のさまざまな側面を象徴している。たとえば、太陽や月、空や地や海、芸術や技能、戦争や死など、それぞれに対応する神が存在する。めったに図像化されることのないあまり重要でない神々もあるが、その姿が頻繁に描かれる神々や、その神の持つ特殊な力や任務を示す持物によって象徴化されている神々もある。そのような持物は、ある文化に固有のものである場合もあれば、全世界に共通するものである場合もある。たとえばヨルバ族のシャンゴと北欧神話のトールは、どちらも雷の神であるが、両者とも、両刃の斧とハンマーがシンボルとなっている。

槍 Spear

武器である槍は、当然戦争の神の持物である。そして戦争は伝統的に男の仕事であることから、ギリシャ - ローマの神アレス／マルスのように、戦争の神は概して男神である（槍はまた男根のシンボルでもある）。しかし女神もおり、ギリシャ - ローマの戦争の神アテナ／ミネルヴァは、英雄中の英雄である。

豊穣の角
Horn of plenty

フランス、シャトー・ド・ブロワの 16 世紀の壁画『愛の寓意画』には、右手にコルヌコピアを持つ女神が描かれている。コルヌコピアは、その中に入れられている果物と同様に、豊穣のシンボルであり、絵の中心にいる一組の男女に子供が誕生することを暗示している。

トールのハンマー Thor’s hammer

北欧神話の神トールは、勇猛果敢な天空の神であり、彼の乗る戦車が空を横切るとき、その車輪の音が雷鳴として轟くと伝えられている。彼が猛り狂って敵に投げつける双頭のハンマー（それは必ず彼の手元に戻ってくる）は、ミョルニルと呼ばれ、雷光をシンボル化したものである。

聖なる雌豚 Sacred sow

多くの子豚を産み育てる雌豚は、世界中の多くの文化で、母なる女神の持物、あるいはそれに捧げられる生贄として表わされている。そのような母なる女神には、古代エジプトのイシス、古代ギリシャ‐ローマのデメテル／セレス、そしてケルトのケリドウェンなどがいる。

コルヌコピア Cornucopia

豊穣の角という意味のコルヌコピアは、自然の恵みの象徴であり、古代ギリシャ‐ローマの大地の女神デメテル／セレスの持物である。その角（ゼウス／ジュピターに乳を飲ませた雌山羊アマルティアの角といわれている）には、たいていの場合、果物と野菜が溢れんばかりに詰め込まれている。

糸巻き棒 Distaff

糸紡ぎは通常女性の仕事であることから、糸巻き棒（そのまわりに亜麻を巻き付け、そこから糸を紡ぎ出す）は女性を表すシンボルとなった。それはまた、紡績と機織りの発明者であるギリシャ‐ローマの女神アテナ／ミネルヴァ、そして運命の三女神の１人、クロトのシンボルでもある。

善対悪 *Good versus evil*

p.8「生命の樹」
p.47「骸骨」
も参照

多くの神話体系および宗教には、明確に定義された戦いが存在している。すなわち建設的な善の軍隊と破壊的な悪の工作員の戦いである。この宇宙規模の戦いは止むことがなく、現在も継続中である。今のところ善の軍隊が確かに優勢であるが、悪の力は絶えずそれを脅かしている。その戦いはたぶん、黙示録的な戦いがこの世の終わりを告げる最後の日まで続くであろう。善の顕現は、多くの場合、空、太陽、日光、黄金の鳥、白い羽をつけた存在などで象徴され、反対に悪の工作員は、地下世界、暗黒、黒いコウモリ、爬虫類的な動物などを連想させる。

天使と悪魔
Angels and demons
死神が生命の樹を切り倒そうとしている。樹の上の男は死を前にして、霊的な栄光（天使が差し出す王冠）と現世の富（悪魔が抱える宝箱）のどちらを選ぶか選択を迫られている。（聖アウグスティヌス『神の国』フランス版、木版画、1486）

鷲対蛇 Eagles versus snakes

空の支配者として天空の神々を連想させ、蛇を捕食する習性があることから、鷲は悪と戦う善を象徴する（鷲と蛇は多くの文化で対立するものとして描かれている）。ヒンドゥー教では両者の戦いは、ガルーダとナーガ族の戦いとして描写され、象徴化されている。

菩 薩 Bodhisattvas

仏教では、菩薩はすでに悟りを得ているにもかかわらず、人間を悟りに導くために人間世界に留まることを選択した存在として描かれることが多い。菩薩は概して柔和な顔をしているが、時にその顔と全身に忿怒をたぎらせ、悪霊と戦う様子が描かれることもある。

天 使 Angels

イエスは悪魔のたび重なる誘惑を退け、地獄の悲惨な光景を見せられても毅然として立っていたが、キリスト教絵画の中で実際に悪魔やその手下と戦っているのは、概ね天使たちである。天使は光輪を戴き、美しい翼を広げていることから、ひと目で善の象徴であることがわかる。

悪 霊 Demons

悪霊の多くが、自らの姿を自在に変える能力を与えられているが、キリスト教絵画では概して、黒い体、翼、尻尾を持ち、動物の角や耳、牙、爪を持つ存在として描かれている。しかし悪霊はキリスト教だけに登場する存在ではなく、たとえばヒンドゥー教美術でも、同様の角と牙を持つ悪霊が描かれている。

宗教的概念の表現 *Expressing sacred concepts*

p.167「ヘルメス／マーキュリー」
p.239「レインボー・サーペント」
も参照

宗教的概念の中には、あまりにも難解すぎて、目に見えるもので視覚的に表現した方がわかりやすく、優美にみえるものがある。聖パトリックは、アイルランドの人々にキリスト教の三位一体説を説明するとき、そのことに気づいたと言われている。彼は三つ葉のクローバーを三位一体説のシンボルとすることによって、複雑な抽象的概念を自然界のさまざまな事物を使って説明するという、時代を超えて受け継がれてきた伝統的な方法を踏襲した。事実、あらゆる文化や宗教が、複雑な概念をわかりやすく説明するために、動物や植物、そして鉱物の世界から例証を引いている。それらの例は空、海、地上に満ちており、聖なる概念の象徴となることができる。

ネフェルタリと彼女のバー
Nefertari and her ba

古代エジプトのファラオ、ラムセス２世の王妃ネフェルタリが、セネトと呼ばれるゲームを１人で楽しんでいるところ。右端に描かれているネフェルタリと同じ顔立ちをし、同じハゲタカの頭飾りをつけている鳥は、彼女のバー（魂）である。(『ネフェルタリの墓の壁画』、エジプト、テーベ、王妃の谷)

バー Ba

古代エジプトの壁画に多くみられる、人間（死者）の顔をした鳥、バーは、人間の魂、霊の本質をなすもので、肉体が死んだ後も生き続けると考えられていた。その合成された姿は、現世の存在ではないことを象徴しており、その翼は、自由に動き回れることを象徴している。

虹 Rainbow

多くの文化で、虹は姿を変えた蛇であるという伝説が残されている（オーストラリアのアボリジニ文化では、レインボー・サーペントは水をも象徴する）。北欧神話では、虹は「ぐらつく道」（ビフレスト）と呼ばれ、天国と地上を結ぶ懸け橋とされている。ユダヤ－キリスト教の文化では、虹は人間と神との契約、それゆえ平和を象徴し、また天国におけるキリストの玉座ともなっている。

アスクレピウスの杖
Rod of Asclepius

古代ギリシャ－ローマの医術の神であるアスクレピウス／アスクラピウスを最もよく象徴する持物は、蛇の巻きついた杖である（現在でも医学を象徴するこのシンボルは、当初は２つの要素が別々に描かれていた）。蛇は脱皮し生まれ変わるように見えることから、多くの文化で心霊治療、再生のシンボルとなっている。

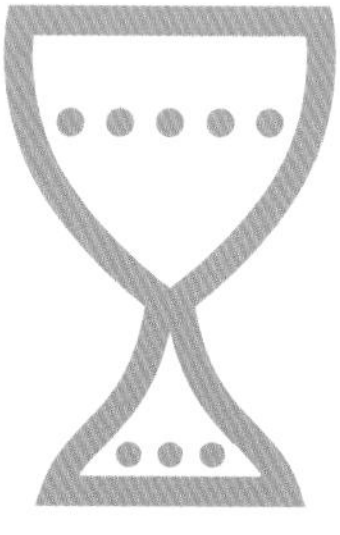

聖　杯 Holy Grail

キリスト教の伝承によると、アリマタヤのヨセフは、イエスが最後の晩餐で葡萄酒を飲むときに使った杯で磔刑のイエスが流した血の滴を受けたと言われている。またその後、中世の騎士たちがその杯を必死になって探し求めたともいわれている。永遠の命をもたらすといわれている聖杯は、キリストの贖罪の力を象徴している。

IDENTITY

先祖、部族、氏族のアイデンティティ
Ancestral, tribal & clan identity

p.39「装飾文字」
p.237「コル」
も参照

先史時代の岩絵に多くみられる手形は、自分たちの存在証明をシンボル的に残したいという人間の本能的な衝動の証拠である。個人的および集合的なアイデンティティ、たとえば家族、氏族、部族、国家の１員であることを示すシンボルも、常に美術の重要な要素である。団結を、そしてある集団の１員であることを宣言したいというこの強烈な願望は、共通の先祖を肖像化すること、部族を象徴する存在に似せた入れ墨や傷を顔や体に入れること、族霊的な動物を視覚化すること、さらには紋章などによって、シンボル的に表現されてきた。また、ある特権的な社会的地位を得ていること、あるいは特殊な軍隊や結社の一員であることも、同様にシンボル的に表明されることが多い。

最初の男と女
The first man and woman

装飾文字Ｉをはさんで、２つの場面が描かれている。左側は、神が太陽と月を創造しているところ、右側が、アダムとイヴを創造しているところ。(『旧約聖書・創世記』フランス、サンタマン大修道院の装飾写本、16 世紀)

アダムとイヴ Adam and Eve

無名の男女であれ、アダムとイヴ（ユダヤ、キリスト、イスラム教の最初の男女）のように名前を持つものであれ、人間という種の共通の先祖として1組の男女をシンボル的に表象することは、多くの文化に共通している。そのようなものとして、その男女は、血のつながり、同族関係を象徴する。

ボディーアート Body art

アフリカ、南北アメリカ、オセアニアの先住民の顔の多くに見られる（そしてボディーアートと同調している）装飾的シンボルは、単なる飾りではなく、重要な意味を持っている。コルと呼ばれるマオリ族の顔の入れ墨は、力強い成長を象徴し、またアフリカの部族に多いスカリフィケーション（傷痕文様）は、部族のアイデンティティを示すと同時に、成人の儀式を済ませたことを誇示している。

トーテムポール Totem pole

北アメリカ大陸北西沿岸地域で広くみられるトーテムポールは、部族になじみの深い動物や神話上の存在を積み重ねるようにして独特の形象で彫り出した柱である。頂点に彫られているのは、ただ単にその動物の特徴をシンボル的に表現したものというだけでなく、部族の創世神話および集合的アイデンティティを象徴している。

国 旗 National flag

国旗は、国家および国民の象徴である。たとえば白地に赤の十字——聖ゲオルギウス十字——は、イングランドを象徴する。国旗は時代の移り変わりにつれて変更されることもあるが、常にその国の歴史と、集合的なアイデンティティに関わる重要な概念を表象している。

戦士と入会儀礼のシンボリズム
The symbolism of warriorship & initiation

p.49「**手形**」
p.163「**鷲と雷光**」
も参照

戦士の誇りや通過儀礼、入会儀礼に関係する概念を伝えることも、先史時代から続くシンボルの重要な役割である。その中には戦場から画家のキャンバスに写し取られたものも数多くある。選ばれた戦士集団に加入できる資格を持つことを証明するためには、勇気と技量が要求され、それを見事証明できたものには、それを称えるシンボルが付与される。中世の騎士の拍車、マサイ族の盾シラタ(印の意味)など。盾はまた、大平原の北アメリカ先住民のもののように、防護力を象徴する動物、“パワー・シンボル”を描いたものもあれば、個人や部隊を誇示する記号を描いたものもある。後者はヨーロッパでは紋章へと発展していった。軍旗もまたシンボリズムそのものである。多くの場合意匠化された攻撃的な猛禽や野獣が描かれ、その下に戦う戦士の団結と勇猛さを誇示する。

戦場における紋章 Battlefield heraldry

ヨーロッパの紋章の起源が戦場にあることを示す、小戦闘を描いた図（マネッセ写本、ドイツ、14世紀）。軍旗とその下の盾に見られる紋章は、ブラバント地方とリンブルク地方を治めていたヨハン1世（1254～94）のものである。左後ろ脚立ちの黄金（オーア）の獅子はブラバン地方を、そして赤色（ギュールズ）はリンブルク地方を表している。

騎士の拍車 Knight's spurs

拍車は乗り手の長靴に装着し、鋭い合図で馬を俊敏に走らせるための道具である。ヨーロッパでは伝統的に"勝者の拍車"は、それを装着している者が騎士にふさわしいことを表した。こうして拍車は、普通の兵士と区別される騎士であること、そのことを戦場で証明したものであることを象徴する。

北アメリカ先住民の盾
Native American shield

盾は、実質的に、そしてシンボル的な意味で、それを構えている者を防護し、その表面に描かれた絵柄は、対峙する敵に、それを持つ者についてのある事柄を伝える。たとえば北アメリカ大平原の先住民の戦士の伝統では、赤色で印された手形は、勇気、強さ、生命力を象徴する。

ヨーロッパの紋章の盾
European heraldic shield

戦場での功績を明らかにし、貴族個人を識別するための単純な紋章からイギリスの紋章体系が進化していく過程で、さらに複雑な紋章が創造されるようになっていった。たとえば1397年に、リチャード2世から初代ノーフォーク公であるトマス・モーブレーに授与された紋章には、エドワード懺悔王の紋章(図の盾の左半分)が組み込まれている。

ローマの紋章旗
Roman military standard

絵画にも描かれている古代ローマ軍団の鷲の紋章旗(アクイラ)は、鷲が雷光を掴み、そのまわりを月桂樹の環が縁取っている構図になっているが、それらの要素のすべてが、力と勝利のシンボルである。その下のSPQRの文字は、ラテン語の *Senatus Populusque Romanus*(元老院とローマ人民)の略語である。

貴族、家系、王朝のアイデンティティ
Noble, family & dynastic identity

p.32
「戦場における紋章」
p.136-7
「日本の家紋」
も参照

家系、氏族、部族、民族集団を象徴するために自然の一部をシンボル化する営みは、世界共通である。トーテムポールもその１つといえる。非常に精緻な紋章体系——その大半が自然の形象をシンボル的にそして装飾的に意匠化した紋章からなり、絵画に頻繁に登場する——が、ヨーロッパの国々で、そして日本で発展した。ヨーロッパの紋章や日本の家紋（紋章的徽章）が、戦場で個人を特定するための記号から発展してきたものであることはすでに述べたが、どちらもその後、特別な世襲関係を示すためにより系譜学的に進化し、また貴族の家系と王朝の結び付きを示すためにシンボルを組み合わせる形でより精巧になっていった（その後商業的および地域的な集団を表すシンボルも発展していった）。

日本の家紋
Japanese heraldic badges

日本の歌舞伎の１シーンから取った、兵士の大群が勢いよく湖を横切っている図（日本、浮世絵、19世紀）。武士の衣服や軍旗、幟に印されたさまざまな家紋が、各種の旗や幟の形の変化とあいまって、轟くように共鳴しあっている。

アーミン・ファー Ermine fur

アーミンとはヨーロッパに生育する白テンのことで、尾の先だけが黒く、その毛皮を縫い合わせると図のような模様の毛皮のコートが出来上がる。この暖かく、見た目も豪華なコートを着ることができるものは、裕福な貴族に限られることから、中世の頃からこの図柄は、貴族を象徴するものとして使われるようになった（色は紋章学で規定されている）。

アーミン五弁模様 Ermine cinquefoil

アーミン五弁模様は、ボーモント家の、そして後にレスター家の紋章的徽章となった。この５弁の形を最初に採用したのは、レスター（イングランドの都市）の伯爵であったロバート・フィッツパーネル公（1206 年没）であったが、この５弁の花の名前が、ピンパーネル（ルリハコベ）で、彼の名前に似ていたことから、それを紋章に選んだといわれている。

アザミ Thistle

スコットランドに自生するアザミは、スコットランドを象徴する国花であり、この国の徽章となっている。またこのトゲのある植物は、英国の騎士道的な勲位の１つであるアザミ勲位（正確には「最も高貴なる最も由緒正しきアザミ勲章」）の徽章にもなっている。そのモットーは、*Nemo me impune lacessit*（「我に触れなば無事ではすまぬ」）である。

扇の家紋 Ogi-displaying mon

この日本の家紋は、扇を３つ組み合わせた形で出来ているが、扇は古くから武家の地位と職責を表すものとして、さまざまな意匠で使われてきた。その骨の数、形、布地の色や模様など、すべてがシンボル的な意味を持っている。

個人および社会的アイデンティティ
Personal & social identity

p.209
「サポーター」
p.213
「チューダー・ローズ」
も参照

絵画の中には、ある個人を特定する、あるいはその人物の社会的アイデンティティに関する情報を伝える、ある種のシンボルが描かれていることが多い。すでにみたように、紋章的徽章は、貴族または王族の1員であることを示す。また必ずしも厳密に世襲されるとは限らないが、個人そのものというよりは、ある社会的地位を示すようになった徽章もある。たとえば、3本のオーストリッチ(ダチョウ)の羽根の徽章は、英国王室の第一王位継承者であることを示している。またシンボルや徽章の使用は厳密に規制されているわけではないが、それらがある個人——画家も含めて——を表すことがあり、またある種の頭飾りや衣服、たとえば道化師の頭巾や王冠なども、それを身につけている者のアイデンティティをある程度伝えている。

チューダー王朝のシンボル
Tudor heraldic symbols

チューダー王朝ヘンリー8世の統治下に建立されたカンタベリー大聖堂の境内への入り口、クライストチャーチ・ゲート(イギリス、ケント州、1517年)の一部。チューダー家の盾持ち(サポーターという)である1対の動物(龍とグレーハウンド)と、チューダー・ローズの徽章がみえる。

ロイヤル・サンバースト Royal sunburst

イギリス国王エドワード２世（1312-77）とヘンリー７世（1457-1509）が使用した紋章的徽章の１つに、サンバーストがある。それは雲の切れ間から荘厳な日光が射している様子を意匠化したものである。このサンバーストが、イギリス王家の歴史でどのような意味を持つかは定かではないが、希望を表す肯定的なシンボルであることは確かだ。

第一王位継承者の徽章 Heir apparent's badge

ドイツ語のモットー（紋章学における家訓）*Ich dien*（「わたしは仕える」）の書かれた宝冠から３本のダチョウの羽根が出ている意匠が、通常はプリンス・オブ・ウェールズの称号を与えられているイギリスの第一王位継承者を示す徽章である。この徽章はエドワード黒太子（1330-76）の母であるフィリッパ・オブ・エノーの家系の徽章に由来している。

画家のモノグラム Artist's monogram

画家はたいていその作品に、自身の作品であることを示す何かを描く。フルネームのサインである場合もあれば、モノグラム（組み合わせ文字）である場合もある。これはフランドル地方の画家アンソニー・ヴァン・ダイク（1599-1641）のモノグラムである。これらのサインは、その画家の作品であることを証明するだけでなく、それに新たな価値を付け加える。

道化師 Jester

目立った原色の頭巾や衣服を身につけて絵画や遊戯カードに登場するのが、中世ヨーロッパ宮廷のお抱え道化師で、その姿は21世紀の今日でもすぐにそれと識別できる。（このような"愚者"は、寓意画では愚かさを擬人化したものとして描かれることが多い。）

表記と記録 *Writing & recording*

p.66-67
「エジプト・ヒエログリフ、ファラオの5つの名前」
p.135
「アラビア装飾書法」
も参照

言語と文明の進化と手を携えて、情報を記録したいという人間固有の願望も深化し、そのための表記体系が確立されていった。最古の文字は、絵文字、表意文字、表語文字（p.247を参照）の3つであり、それらはそれぞれ、対象、概念、シンボル化された言葉を表す。この3種類の文字だけでは限界があることが明らかとなり、非具象的な文字が進化していったが、それでも文字、シンボリズム、絵画の間の強い結びつきは存続した。それを最もよく示しているのが、古代エジプトのヒエログリフやヨーロッパのルーン文字である。他の文字が主流になっていく中で、それらの文字はしばしば、ある図像に付随してその意味を説明する注釈に用いられた。また、初期キリスト教のシンボルの多くが、ギリシャ文字から作られている。中国や日本では、掛軸に書かれた漢字は、それ自体が美術の1分野とみなされている。

ルーン語のシンボル
Runic symbols

8世紀に制作されたクジラの骨の宝石箱にルーン文字が刻まれている。アングロ・サクソン・ルーン文字のrとtが見える。写真は大英博物館所蔵のフランク・キャスケットで、イギリス、ノーサンブリアで制作されたと考えられている。

ルーン文字 Runic characters

紀元３世紀頃からスカンジナビアや西ヨーロッパで使われるようになったゲルマン・ルーン文字は、それ自身が神秘的なシンボル体系であったと考えられている。上はアングロ・サクソン・ルーン文字のアルファベット（フサークという）のうちの３つで、d は「昼間（*daeg*）」、t は「軍神テュール（*tir*）」、r は「騎乗（*rad*）」を表す。

マヤの象形文字 Mayan glyph

古典期マヤ（紀元 300-900）の碑文から取った上の象形文字は、ある言葉や語句の全体を表すシンボル、すなわち表語文字の１つである。この表語文字はジャガーの頭を図案化したもので、図のまま、ジャガー（*balam*）を表す。

装飾文字 Illuminated letter

紀元 400 年頃から中世の終わりまで、ヨーロッパの修道士によって制作されてきたキリスト教写本の文や段落の最初の文字を華麗に飾る装飾文字――それは１幅の細密画である――は、その比類なき美しさと精巧さで他を圧倒する。上の装飾文字は、アイルランドの『ケルズの書』から取ったＤで、一羽の鳥がモチーフになっている。

漢　字 Chinese character

上の漢字はそれだけで、「正しいと思うことを実践する清廉潔白」という観念を伝えているが、それにとどまらず、名誉や道徳に関する多くの意味を内包している。それはまた、儒教の五常の徳（仁・義・礼・智・信）の１つでもある。

大宇宙と小宇宙
The macrocosm & microcosm

p.152-53
「中国の五行思想」
p.225
「4 体液」
も参照

宇宙の仕組みを解明し、宇宙エネルギーや天体が地球上の生命にどのように影響するかを探究する営みのなかで、世界中のありとあらゆる社会が、多様な大宇宙－小宇宙理論を確立してきた。なかでも最もよく知られ、最も多く美術に表現されているのが、中国と西洋の占星術である。両者のシンボル体系は異なっているが、誕生日とそれに関係する種々の対応物が諸個人の個性に影響を与えるという考え方は共通している。天文学的なエレメントが人間の健康に影響を及ぼすという考え方でも両者は一致しており、それは中国医学の陰陽五行説に基づく種々の人体図や、西洋の黄道12宮人体図（「獣帯人間」）に象徴されている。

獣帯人間 Zodiacal man

1583年に出版されたドイツ人外科医ゲオルヒ・バルティシュの眼科手術に関する論文『*Ophthalmodouleia, Das ist Augendienst*』中の木版画。人体各部と黄道12宮の関係が線で結ばれて示されている。牡羊座と頭部、牡牛座と首・喉など。

中国十二支 Chinese zodiac

中国では、宇宙のすべての要素は、受動的なエネルギーである“陰”と能動的なエネルギーである“陽”の相互作用によって支配されていると考えられていた（そのシンボルが太極図である）。12年で1回転する黄道的周期と地上の12方位が、12のシンボル的な動物によって表され、その年の特徴が対応する動物の特性によって説明される。

中国医学 Chinese medicine

伝統的な中国医学では、生命力は“気”によって表象され、“気”は経絡と呼ばれる経路を通じて体を巡っているとされる。そしてこの“気”の乱れが、病気を引き起こすと考えられている。各経絡は“陰”と“陽”のエネルギーの影響を受けている。また人体各器官は、五行のいずれかと密接な関係がある。

西洋黄道十二宮 Western zodiac

西洋占星術は10の天体と黄道十二宮（記号と具象的な図像でシンボル化されている）の回転を中心に成り立っている。宮は可能性の枠組みを創造し、支配天体は方向的な原動力として作用する。そしてこの両者の組み合わせが、地上と人体に影響を及ぼすと考えられている。

獅子座と対応する身体的部分
Leo's physical correspondences

西洋では、4大元素の動きは4体液を通じて人間の心と体に作用し、同時に黄道十二宮も人体各部と各器官に影響を及ぼすと考えられた。たとえば獅子座は脊椎、背部、心臓と密接な関係がある。

SYMBOLIC SYSTEMS

運命を決めるもの *Influencing fate*

p.49「手形」
p.227「タロットの吊るされた男」
も参照

変転極まりない人生の諸相を観照するなかで、あらゆる時代、あらゆる文化の人々が、人の一生は神の手によって支配されていると結論付けた。この概念は、神話や美術のなかで、運命の車輪を回す運命の女神や、運命の糸を紡ぐ3女神などとして表象されてきた。そして人間は、何らかの形で自分たちの運命を自ら支配する手段を得ようと、たとえば元型的シンボルに満ちたタロット・カードのような占いや運勢判断に未来を問いかけ、邪悪なものから身を守るシンボル的なパワーを持つ護符を身につけ、錬金術のような複雑なシンボル体系を発展させた。

運命の女神の車輪
Lady Luck's wheel

ジャン・ド・マンの翻訳した古代ローマの哲学者ボエティウスの『哲学の慰め』のなかの挿絵（フランス、15世紀）。運命の女神が車輪を回しているところ。運命の車輪の回転につれて、人々の運命と社会的地位が逆転する。

運命の車輪 Wheel of Fortune

時の経過とともに、社会の頂点にあった者がいつしか社会の底辺に沈み、その逆もありうる。この人生の予測不能さを象徴しているのが運命の車輪である。頭に冠を戴き、時に目隠しをしていることもある運命の女神（その先駆けは、テュケー／フォーテュナ）が車輪を回している姿が、ルネサンス期の絵画に多くみられる。

運命の3女神 Three Fates

ギリシャ－ローマ神話の運命の３女神モイライ／パルカイは、糸で象徴される人の人生を握っている。ラケシスがその棹で寿命の長さを計り、クロートが糸巻き棒を使って糸を紡ぎ出し、アトロポスがハサミでその糸を裁断する。この３つの工程は、それぞれ誕生、人生、死と対応している。

ハムサ（ハメシュ）
Hamsa or hamesh

中東では、アラビア語でハムサ、ヘブライ語でハメシュ（どちらも数字の５を意味する）という手の形の護符が広く用いられ、イスラム社会では“ファティマの手”と呼ばれている。それは邪視から身を守るシンボルである。

ニグレド
Nigredo

賢者の石を作り出すための錬金術の第１工程であるニグレド(黒化）は、再生のために必要な死と腐敗と同義とされる。それは棺のなかに納められた王の体（ソル）と王妃の体（ルナ）で象徴されることがある。

稲妻に打たれる塔
Lightning-struck Tower

16世紀に作成されたタロット・カードの大アルカナの１枚。稲妻に打たれた塔から２人の人物が地面に投げ出されている。これは神の霊感による世俗的な制約からの解放と懲罰のどちらを意味しているのだろうか？

空想上の動物 *Fantastic creatures*

p.29「バー」
も参照

どの大陸の美術にも、空想上の動物が描かれている。それらの空、海、地上の怪獣たちは、言うまでもなく実在しないのだが、なぜ絵に描かれているのだろうか—— その答えは、それらの怪獣の持つシンボル的な意味にある。それらの動物たちは、いつも脅かされているが、当時の人間にとっては不可解で正しく理解できない強大な力、自然世界の凶暴な側面を象徴しているのである。それゆえ、それらの合成動物は、海のような不可知な自然の領域（トリトンによって象徴されている）や、突然起こる破壊的な力（キメラ）、人間本性に潜む獣性や官能性（ミノタウルスやセイレーン）、あるいは死の恐怖（ケルベロス）を象徴している。

セイレーンの歌声
Siren songs

オデュッセウス／ウリクセスの一行を乗せた船が、セイレーンの船を追い抜こうとしているところ。乗組員たちはセイレーンの歌声が聞こえないように耳に蝋で栓をし、オデュッセウスは自らを帆柱に縛りつけ、それに惑わされないようにしている（チュニス、チュニジア、モザイク）。

トリトン Triton

トリトンはポセイドンとアムピトリーテの子供であるが、男の人魚全般を表すことが多い。それは人間の男の上半身と魚またはイルカの下半身を合わせた海に棲む生き物で、たいていホラ貝を高らかに吹いている姿で描かれている。トリトンは海を支配する力の象徴である。

キメラ Chimera

ライオンの頭部、山羊の胴体、先端が蛇の頭部になっている尾を持ち、時に２つないし３つの頭部を持つこともある怪獣が、ギリシャ神話に登場するキメラである。この怪獣は暴風雨の擬人化されたもので、地上世界に甚大な被害を及ぼしていたが、英雄ベレロポーンによって退治された。

セイレーン Sirens

ギリシャ神話のオデュッセウスの物語に登場するセイレーンは、その抗いがたい魅惑的な歌声で水夫たちを巧妙に操り、座礁へと導く海の妖精である。女性の頭部を持つ鳥の姿で壺などに描かれているセイレーンは、官能の魅力に誘惑されて身を滅ぼすことがある人間の業を象徴している。

ケルベロス Cerberus

冥界の神ハデスに仕える３つの頭を持つ獰猛な番犬で、生きている者が冥界に入らないように、そして死者の魂がそこから脱け出さないように見張っている。時にヘマをして逃がすこともあるが、ケルベロスは、死に対する人間の恐怖と生の終着点としての死の両方を象徴している。

人間存在の寓意
Allegories of human existence

p.69
「Mmere dane」
p.173 「ダフネ」
も参照

絵画は寓意を表現するための完璧な手段となりうる。それはシンボリズムを通して、表面に描かれたものからは計り知れないほど深遠な意味を伝えることができる。そのような寓意画のテーマとして最も多く取り上げられているのが、人間の生のはかなさである。すなわち、人がいかに美しく、壮健であろうとも、死は常に生を待ち受けているという警告である。死は、ヨーロッパのヴァニタス(「虚無」の意味)静物画や、ルネサンス後期の寓意的マニエリスム絵画の主要な主題であった。また五感——人間存在の生命的現れ——や、キリスト教における7つの愛徳など、数字と関係のある寓意を描いたものも多くみられる。それらの寓意画には、たいていその性質、資質、特徴を象徴するシンボル的持物を身に付けた女性の姿が描かれている。

メメント・モリ
Memento mori

フランスの画家フィリップ・ド・シャンパーニュ（1602-74）の『ヴァニタス』。暗く陰鬱な静物画が、生は不可避的に死で終わることを思い起こさせている。チューリップは、美のはかなさ、砂時計は過ぎゆく時、そして頭蓋骨は死を象徴している。

嗅　覚 Sense of smell

西洋では、五感（聴覚、視覚、嗅覚、味覚、触覚）は５人の女性で表されることが多く、彼女たちはそれぞれの感覚を象徴する物を持っている。たとえば嗅覚を表す女性は芳しい花を手に持っている。スミレのような香りの強い花は、他の寓意画でも香りを象徴する。

白テン（オコジョ） Ermine or stoat

かつてキリスト教的ヨーロッパ世界では、純潔は極めて高く称賛された性質、美徳の１つで、たびたび擬人化された。ルネサンスやバロック絵画では、純潔を白テンで象徴することが多く、その純白の毛皮のコート（尾の先端だけは黒い点になっているが）は、処女性の象徴であった。

月桂冠 Laurel wreath

月桂冠が古代ギリシャ‐ローマ美術で最初に登場するのは、太陽神アポロン／アポロがその常緑の葉を冠にしている姿としてである。古代ローマでは、月桂冠は軍事的勝利と結び付けられたが、この古来より「名誉を受ける価値のある人物（laureate）」を表す印は、最初は詩人や音楽家を称えるものであった。

骸　骨 Skeleton

骸骨は、死を象徴する自然のシンボルとして世界中で共通しているが、ヨーロッパ絵画では、*mement mori*（ラテン語で「人は必ず死ぬ、そのことを忘れるな。」を意味する）として１分野をなしている。そのため、それは世俗的な成功を象徴するシンボルと並んで描かれることが多い。

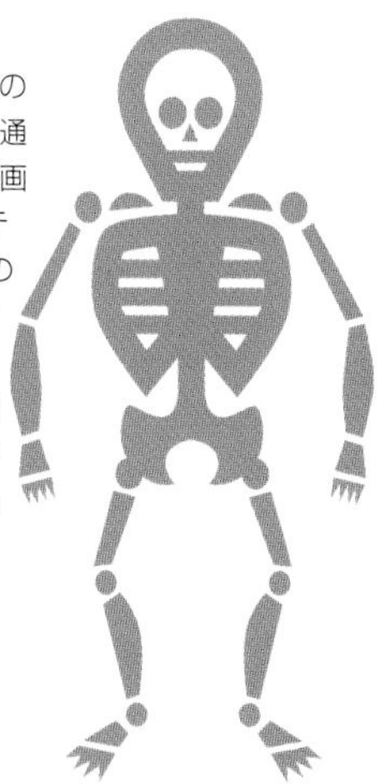

THE SYMBOLS
いろいろな
シンボル

はじめに *Introduction*

人類はその黎明期から、過去・現在・未来、神聖なもの・世俗的なもの、人間存在の本質、高度に抽象的な哲学、これらに関係する深遠な概念を表象するために絵画を用いてきた。素材や様式がいかに異なろうとも、それらの概念を伝えるために用いられる図像は、世界全体で類似している。それは古代から連綿と受け継がれてきた人間の根源的性向、すなわち、絵画的にそしてシンボル的に思考するという性向を示している。それではこれから、アフリカ、南北アメリカ、アジア、ヨーロッパ、オセアニアの順で、さまざまな表現形式で伝えられているシンボル的なメッセージを読み説いていくことにしよう。

p.33**「北アメリカ先住民の盾」**
も参照

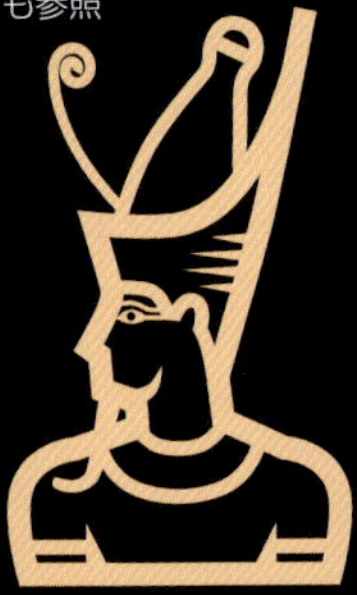

二重冠（プスケント）
Pschent

世界中の多くの絵画で、人物がかぶっている冠はその人物を識別する象徴的意味を伝えている。上に示した古代エジプトの二重冠（プスケント）は、紅色の下エジプトの冠デシュレトと、上エジプトの白色の冠ヘジェトを合体させたもので、統一された2つの土地の支配の象徴として、ファラオだけにかぶることが許された。

霊感の源泉
Source of inspiration

ギリシャ-ローマの神アポロン／アポロが、パルナッソス山の頂で音楽を奏でている。芸術の女神である9人のミューズとペガサス、そして詩的霊感の水が流れ出す源泉であるキャスタリアの泉もいっしょに描かれている。（イタリアの画家ジョルジョ・ギージの版画をもとに描かれたフランスの絵画、16世紀）

シャクティ Shakti

ヒンドゥー教や仏教タントリズムの美術で見られるシャクティ（活動的な女神的エネルギー）は、（受動的な）男神シヴァまたはある仏教の神に抱擁され、活動を停止した状態で描かれることが多い。このヤブ－ヤム（「父－母」）の姿勢は、シャクティの生命力と創造力を象徴している。

タ　コ Octopus

自然世界から描き出されたシンボルには、単純な意味と複雑な意味の両方を伝えるものが多い。たとえばタコは、単純に海を表すだけの場合もあるが、古代地中海美術で描かれている触手を螺旋形にまるめたタコは、躍動的なエネルギー、創造的および破壊的力、さらには激しい雷雨をも象徴する。

手　形 Handprint

人類最古のシンボルの１つに手形があるが、オーストラリア、クイーンズランドの岩絵の赤茶色の地に型抜きされた手形は鮮烈である。アメリカ南西部の先史時代の絵画にも見られるこのアイデンティティ・シンボルは、存在、同族関係、防護を象徴すると考えられている。

泉 Fountain

西洋絵画では、泉は寓意的な意味を持って描かれることが多い。それは多くの場合、知識や霊感のような望ましい特質の源泉を暗示する。またそこから水がほとばしり出ることから、生命の源、創造、癒しなど水の肯定的なシンボリズムを共有している。

AFRICA
アフリカ

p.66-67
「エジプト・ヒエログリフ：ファラオの５つの名前」
p.106-7
「ヒンドゥー教の人気のある神々」
p.116-17
「仏教の七宝」
も参照

はじめに *Introduction*

アフリカに生きる人々とそれを取り巻く自然との濃密な関係は、彼らの美術のなかに力強く表現されている。人々は、空、陸、海で目にするすべてのものに深遠なシンボル的意味を見出し、それを壁画や工芸品のなかで表現した。古代エジプト人は、何本もの正確な平行線の中に彼らが目にする動物を並べて描き、その世界観を表象した。同様に、部族のアイデンティティ、戦闘における敵味方の識別、親族関係も、自然界のシンボリズムを通じて伝達された。古代エジプトのヒエログリフや、アシャンティ王国のアディンクラ布の紋様（p.68-71を参照）が有名であるが、それらは、自然の事物から霊感を得た優美な造形で複雑な概念を伝える、アフリカの高度なシンボル体系を示すほんの２例にすぎない。

ヒエログリフ的なシンボル
Hieroglyphic symbols

ハトシェプスト女王葬祭殿レリーフのヒエログリフの一部。カルトゥーシュ（楕円形の枠）には、ファラオであるトトメス３世（BC1479-1425）の即位名と誕生名が刻まれている（デール・エル・バハリ、エジプト）。左上方のハヤブサは、ファラオのホルス名（p.66参照）を紹介している。また最下段右側には、「永遠なる生命を授けられる」という１節が見られる。

タウレト Taweret

古代エジプトの妊婦たちは、タウレト神に守護を求めたが、それはこの神が出産をつかさどる神だからである。膨らんだ腹部と垂れ下がった乳房によって妊娠していることを象徴しているその体は、全体的にカバの姿をしているが、それは子供を守るときに示すこの動物の勇敢さに由来するものである。ワニの尾とライオンの脚がさらにその獰猛さを象徴している。

ゾウ Elephant

その知性、長寿、大きさ、強さ、自然界における無敵さ（人間を除く）から、ゾウはアフリカ全体で、称えられ、畏れられ、尊敬された。そこからゾウは、族長や王と同一視された。こうしてアフリカ美術では、ゾウは、知恵があり、慈悲深く、強力な指導者のシンボルとなった。

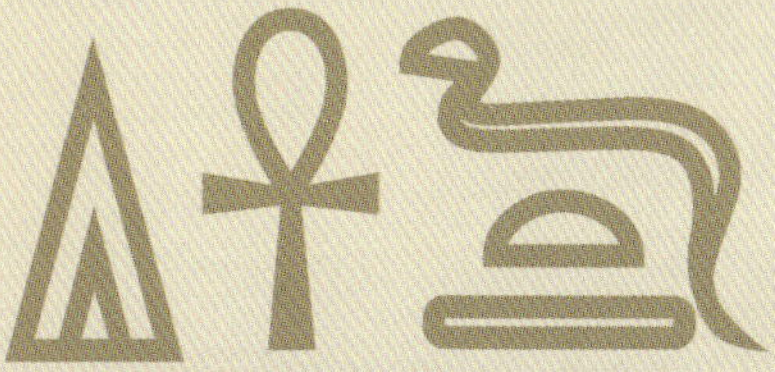

「永遠なる生命を授けられる」
‘Given life forever’

ファラオに関係するエジプト絵画には、しばしばこの５つのヒエログリフで構成される一句が見られるが、それは、「永遠なる生命を授けられる」と書いてある。三角形のヒエログリフは、円錐形のパンの形を表し、「授けられる」を意味する。また輪のある結び目アンクは「命」を表し、コブラ、パンの塊、土地の帯をシンボル化したヒエログリフは、「永遠」を表す。

サンコファ Sankofa

アシャンティ王国のアディンクラ紋様の１つに、サンコファがある。それは１羽の鳥が頭をくねらせ、失った卵を取り戻している図であるが、それが伝えているメッセージは、「戻って、それを手に入れよ」である。すなわち、未来の糧は、過去の出来事や経験の中にあるという教えを伝えている。

ヨルバ族の神々 *Yoruba deities*

p.25
「トールのハンマー」
も参照

西アフリカ、ヨルバ族の人々に崇められている神々は、集合的に、オリシャ(「神々」の意味)と呼ばれている。非常に多くのオリシャがおり、すべてが図像化されているわけではなく、またそれらの神々に属するシンボルも、その複雑な個性を反映してか、どちらかといえば流動的である。その中にあって、最も多く図像化されているのは、やはり自然の諸力を象徴したもの、あるいは元型的な意味を持つオリシャである。気性の激しい暴風雨の神シャンゴ、母なる女神イェモハ、戦闘の神オグン、狩猟の神オショシ、愛の女神オシュンなど。

オシュン Oshun

シャンゴの3人の妻の1人であるオシュンは、ナイジェリアのオシュン川の化身であり、淡水の守護神である。しかし彼女は主に、性愛と美の女神として崇められており、それが手鏡で象徴されている。

男らしさと破壊的力
Virility and violence

シャンゴの両刃の斧の定型化された解釈が、この工芸品の主題となっている(西アフリカ、ベナン共和国)。シャンゴは非常に男らしい、生殖力旺盛の神(彼はまた双子の守護神でもある)なので、彼を祀る祭司は男性にもかかわらず、この神の男らしさとバランスを取るために女装することもある。

シャンゴ Shango

もともとはヨルバ族オヨ王国の、呪術を使う好戦的で無慈悲な暴君であったシャンゴは、死して後、ヨルバ族の雷の神となった。彼の最大のシンボルは、雷光を表す両刃の斧で、彼はそれを、怒りを招いた地上の存在に向かって投げ降ろす。

イェモハ Yemoja

多くのオリシャの母親であるイェモハは、母性を象徴する神であり、またオグン川の神でもある。そのため彼女は、淡水と豊穣の女神でもある。このためイェモハは、多くの場合、魚の尾や、母性のしるしである豊満な乳房によって象徴されている。

オグン Ogun

戦闘と生贄をつかさどるオリシャが、オグンである。彼はまた、ナイフや斧などヨルバ族の伝統的な殺傷武器の材料である鉄や鋼の神でもある。それゆえ彼は多くの場合、彼の最大のシンボルである、大きな、恐怖心を呼び起こす鋭利な刃先のナイフや剣を持つ姿をして表される。

オショシ Oshosi

動物――そして時には敵対する部族の人間――の狩猟を取り仕切るオリシャが、オショシである。それゆえオショシのシンボルは、多くの場合、狩人の伝統的な道具である半月型にしなった弓、１発で獲物をしとめる鋭い刃を持つ矢である。

SACRED エジプトの神々 *Egyptian gods*

p.64-5
「エジプト王位の証明」
も参照

エジプトの書記や画工が神々について記すときに用いるシンボルの多くが、自然世界を象徴化したものである。彼らは天空を眺めながら、太陽神ラーが、今その顕現の1つとして天空を横切っていると考え、ハヤブサが天高く飛翔するのを見て、ホルスを想った。また2羽のハゲワシが雲の切れ間を旋回しているのを見て、イシスとネフティスの姉妹がハゲワシに姿を変え、行方不明になった兄のオシリスの姿を探し求め、嘆き悲しんでいるのだろうと思いを馳せた。オシリスは死んで蘇ったが、それは彼を表すシンボルの中に明確に象徴されている。イシスはまた、母なる女神ハトホルとしても崇められ、そのようなものとして、乳を飲ませている牝牛の姿で表されることもある。

オシリス Osiris

殺害されたのち、オシリスは体をバラバラに切断され、エジプト各地にばら撒かれたが、その断片は復元され、防腐処理を施された。こうしてオシリスは、地下世界の不滅の支配者となった。彼が死をも征服したことは、そのミイラ化された体で象徴され、地下世界の支配者であることは、手に持っているヘカ笏とネケク笏、それにアテフ冠で象徴されている。

母なる女神イシス
Isis, the mother goddess

イシスもハトホルも、牝牛の2本の角と太陽円盤を組み合わせた頭飾りをつけている姿で描かれることがある。左側に見える玉座のヒエログリフが、この女性がイシスであることをさらに明示している。（ホルエムヘプ王墓壁画、BC1319-1307）

ラー Re

エジプトの太陽神ラーは、多くの姿で表される。たとえば、ラー - ホルアクティとしては、ハヤブサの姿となる。最も多く用いられるシンボルは、円盤、それも鮮やかな紅色の円盤で、いうまでもなく太陽円盤を表し（上の図のように左右から頭と尾が出てウラエウスになっている場合もある。p.65参照）、多くの場合彼の頭飾りになっている。

ホルス Horus

ファラオがその現世における化身であるとされるホルスは、天高く舞い、地上のすべてを俯瞰するハヤブサによって象徴される。全身ハヤブサの姿で表されることもあれば、頭の部分だけがハヤブサになっている男神として描かれることもある。神聖な王権の象徴として彼は、二重冠（プスケント）をかぶり、ラー - ホルアクティとしては太陽円盤を頭に戴いている。

イシスとネフティス Isis and Nephthys

イシスはオシリスの妻であり（妹でもある）、ホルスの母親である。彼女の名前（イシスとは “玉座” を意味する）は、玉座の頭飾りやヒエログリフ（左）でシンボル化されている。一方ネフティスは、イシスとオシリスの妹であり、その頭飾り（右）は、名前をヒエログリフ的にシンボル化したものである。すなわち、壁で囲まれた大きな館の上に籠が載っているが、ネフティスという名前は「居館の女主人」を意味する。

ハトホル Hathor

ハトホルは母なる女神として崇められ、たいてい乳を飲ませている乳牛の姿で描かれる。牛とのつながりを表す彼女のシンボル体系は、太陽円盤を抱く牛の角の頭飾りとして簡潔に象徴されることもある。このシンボルはイシスと共有しているが、どちらも異なった神話の中でホルスの母親という同一の立場にあり、やがて習合していったからである。

エジプトの神々 *Egyptian gods*

p.171「**キュベレー**」
も参照

エジプト『死者の書』に最も多く記されている場面の1つが、死者の心臓の重さを計るオシリスの裁きである。その裁きを実践しているのが、書記の神であるトト、防腐処理の神であるアヌビス、真理と正義の神であるマアトである。これらの神々――そして他の多くの神々――の主要なシンボルは、自然の事物から抽出されているが、それは、古代エジプト人が、彼らのまわりに棲む生物と神々の世界に棲む存在との間にシンボル的なつながりを見出す傾向が特に強かったからである。

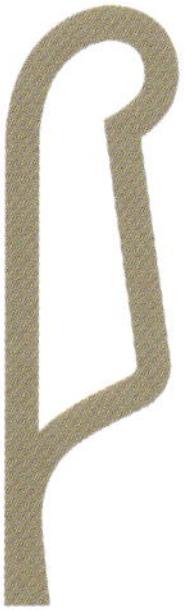

マアト Ma'at

世界の秩序と調和、正義、真実をつかさどる女神であるマアトは、ヘアバンドに挿しているダチョウの羽根によって象徴されている。彼女の存在はまた、1本の羽根だけで象徴されることがあり、それを最もよく表しているのが、心臓の重さを計る儀式である。その時その羽根は、真実を象徴している。

心臓の重さを計る儀式 Weighing-of-the-heart ceremony

アヌビスが、天秤の片方に死者の心臓を、もう片方に、羽根飾りをつけた小さなマアトの人形を載せ、釣り合うかどうかを調べているところ。第三中間期(BC1070-712)の装飾木箱に描かれた絵。オシリスとラーが習合したラー-ホルアクティの前で、トキの頭部をしたトトが、死者は「釣り合っている」と記録しているところ。

アヌビス Anubis

ネクロポリスの神であるアヌビスは、黒い色のジャッカルまたは犬によって象徴されている。というのは、イヌ科の動物は埋葬地のまわりを群れをなして徘徊しているからである。ここから転じて、アヌビスは、死体をあさる動物からエジプト人の墓を守る神となった。霊魂を冥界に運ぶ者「サイコポンプ」(p.248 参照)であるアヌビスはまた、死者をオシリスの裁きの間に連れていく役目も担う。

ト ト Thoth

月、智慧、知識、測定、そして書記の神であるトトは、ヒヒとトキの２つの動物で象徴されている。満月とそれを支える三日月の頭飾りによって月とのつながりが示され、また筆記道具を持っている姿で描かれることが多い。

セクメト Sekhmet

戦争の女神であり、疫病をもたらす者であるセクメト（「力強い者」）は、牝のライオンの姿で表される。ライオンの姿は、彼女の獰猛さを象徴し、灼熱の太陽とのつながりを示している。というのは、黄金のライオンは太陽の生き物であり、セクメトは太陽神ラーの娘（または目）と信じられていたからである。

ケプリ Khepri

古代エジプト人は、フンコロガシに転がされている糞の玉を見て天空を横切る太陽を連想し、またフンコロガシの幼虫が糞の玉から出てくる様子から、太陽が暗闇を破って現れる姿を連想した。こうしてフンコロガシ、スカラベは、太陽神の朝の顕現であるケプリを象徴するようになった。

SACRED

エジプトの宗教シンボル

Egyptian sacred symbols

p.123「第三の目」
p.174「ケルト十字」

エジプト絵画に頻繁に登場するシンボルの中に、いくつか組み合わされて、生命、健康、繁栄、永遠など、人間存在にとって最も根源的で最も重要な概念を伝えるものがある。アンク、ホルスの目、ウアス杖、シェンの輪に代表されるこれらのシンボルは、強力な魔術的性質を帯びていると考えられていた。これらのシンボルは護符の形にされ、日常生活の中で人々の身に付けられるだけでなく、死者と共に葬られることもあった。それは、これらの護符が死者の蘇りを助け、復活した後も災いなく永遠に生きることを可能にすると信じられていたからであった。

アンク Ankh

アンクは永遠の生を象徴する。この形については、鍵の形、あるいはサンダルの紐など諸説あるが、楕円とT型の組み合わせは、おそらく女性原理と男性原理を融合させたもの、すなわちイシスとオシリスを合体させたもので、死の超克を意味しているのだろう。

生命と力
Life and power

アンクにさらに強い力を付与するため、そこから２本の腕が伸び、それぞれがウアス杖を握っている。その杖の先端には動物の顔が彫られ、さらに力を強化されている。コム・オンボ、セベク－ハロエリス神殿の装飾レリーフ、プトレマイオス朝(BC304-30)。

ホルスの目 Eye of Horus

ホルスの目（ウジャト）は、左目の場合もあれば、右目の場合もある。どちらも、すべてを見通すホルス神のハヤブサの目を表しているが、左目は月を、右目は太陽を表している。ウジャトは、治癒、強さ、全体性、完全性を象徴し、邪悪なものから守ってくれると信じられていた。

ウアス杖 Was-sceptre

古代エジプトの神々はウアス杖を手にして描かれるが、この杖が神々の手にあるとき、それは主に「権力」、「統治」というシンボル的メッセージを伝え、そうでない場合は、繁栄、幸福を意味している。杖の斜めになった上先端部と、二股になった下先端部は、それぞれ動物の頭と脚をかたどっている。

シェンの輪 Shen-ring

始まりも終わりもないシェンの輪は、生と死の永遠のサイクル、無限を象徴する。輪に接している水平の帯は、輪を形作るロープの結び目の両端を表しているのだろうが、中心の丸い輪の形は、シェンの輪が肯定的で、守護的な太陽とつながりがあることを暗示している。

SACRED

エジプトの宗教シンボル
Egyptian sacred symbols

p.113「**蓮華**」
p.123「**蓮華**」
p.140「**蓮華チャクラ**」
も参照

エジプト美術でよく目にするシンボル的要素の多くは、統一、調和、安定といったファラオの王国とその人民にとって最も重要と考えられていた原理を確認するためだけでなく、それらを魔術的に現出させるという意味も込められて描かれている。ロータス(ハス)やパピルスの花など、自然の事物をもとにしたシンボルが、その後次々と重層的な意味を付与される（単一で、あるいは組み合わされて）一方で、セマ－タウイやジェド柱のようなさらに複雑なシンボルが、二重性や永続などの深遠な概念を表現するために進化した。

死後の世界での再生
Reborn into the afterlife

カベケネトとその妻が、ホルスの守護的な両目に見守られながら、並んで腰かけている。2人はよく目立つように大きく描かれたロータスの花で飾られ祝福されているが、ロータスの花は再生を意味する。副葬用木箱に描かれた絵、第19王朝時代(BC1307-1196)。

ロータス Lotus plant

泥の沼に根を張り、太陽光線を受けると美しく香り高い青色の花を咲かせ、夕暮れとともに花弁を閉じるロータスは、原初の沼からの生命の誕生を象徴する。それはまた豊穣と死後の復活を象徴する。ロータスはまた、上エジプトの象徴でもある。

パピルス Papyrus plant

強い紙の原料であるだけでなく、さまざまな日用品の不可欠な材料となるパピルスは、エジプト人にとって非常に価値の高い植物であった。天地創造の原初の丘から芽を出し、天を支えるようになったといわれているパピルスは、繁茂する生命、健康、幸福の象徴となり、また下エジプトの象徴となった。

セマ-タウイ Sema-tawy

ファラオの玉座に描かれることが多いセマ-タウイは、2つの土地（上下エジプト）の統一を象徴するシンボルである。図の中心にあるのは、肺と気管によって表された「統一」を意味するセマのヒエログリフで、それにパピルス（下エジプトの象徴）とロータス（上エジプトの象徴）がつながっている。

ジェド柱 Djed

当初は豊穣のシンボルであったジェド柱は、その後オシリスの背骨、それゆえ安定を象徴するようになった。ファラオの周年祭や死に際しては、ジェド柱を建てる儀式が執り行われ、また一般のエジプト人は、この、死者に力を付与するシンボルの図像とともに埋葬された。

マサイ族の盾 *Masai shields*

p.33
「北アメリカ先住民の盾」
p.33
「ヨーロッパの紋章の盾」
も参照

最近では美術工芸品の1つとみなされることの多いマサイ族の盾は、元来は東アフリカに住むマサイ族の戦士(モラン)の身を守るためのものであると同時に、それに描かれたシンボル的な模様によって、それを構える戦士に関する多くの情報を伝える道具でもある。マサイ族の少年たちは、ある年齢グループに達すると合同で割礼の儀式を受け、その後、戦士(モラン)として認められる儀式を受ける資格があることを証明しなければならない。水牛の毛皮で作られた楕円形の盾に描かれているシンボル(シラタ)は、それを持つ戦士の属する年齢グループと一族を表し、その後勇気ある武功を立てるたびに新たなシンボルが描き足されていく。黒、白、灰色が基本的な色で、勇気ある戦士であることを実戦で証明したものだけが、赤色を使うことができる。

マサイ族戦士の標章

マサイ族の戦士（モラン）であることの証明である、水牛の毛皮で作られた盾の中央には、子安貝の模様の分割線（シラタ・セギラ）が描かれている。またその戦士が属する年齢グループ、個人の親族関係を表すシンボル、そして戦闘や狩猟での武功を表すシンボルが描かれている。

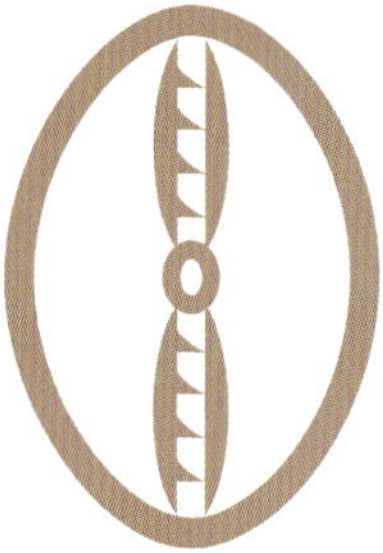

シラタ・セギラ Sirata segira

マサイ族の盾の特徴である、それを縦に二分する中央の線が、シラタ・セギラである。シラタ・セギラの模様や色はいろいろあるが、基本的には子安貝を縦に並べた形である。子安貝は彼らにとっては、力と幸運のシンボルである。

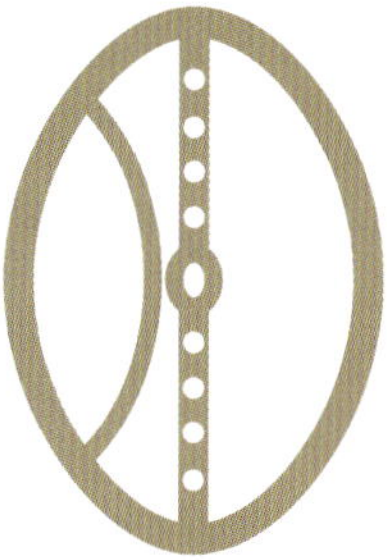

年齢グループと一族を表すシンボル Age-set and clan symbols

同一の年齢グループや一族に属するものの盾には、通常左側に共通した楕円形の模様が描かれている。それゆえそのシンボルは、そのような盾を持つ戦士が、経験と血液を共有する固い絆で結ばれたある特定のモラン・グループに属していることを象徴している。

個人を表すシンボル Individual symbols

正面から見て盾の右側に、それを所有するモラン個人に関する情報を表すシンボルが描かれている。どの家系に属するのかや、これまでにどのような武功を立てたかなどが記されている。

シラタ・エル・ランガブワリ Sirata el langarbwali

盾の右側の楕円の中に小さく描かれた花柄模様のような赤色の紋は、シラタ・エル・ランガブワリと呼ばれ、武功を挙げた兵士に与えられるメダルに相当する。そのため、族長が許可したときだけ、そのシンボルを盾に描くことが許される。

エジプト王位の証明 *Egyptian kingship*

p.48「プスケント」
p.54「オシリス」
も参照

神々と、その対極に位置する死すべき存在である人間が、古代エジプト美術の主題であるが、その両者の間で独自の位置を占めているのが、ファラオ(王)である。ファラオは、地上にあって治世を行っているときにはホルスの神聖なる化身とみなされ、死後はオシリスと同一視される。無数にある王の肖像は、どれもさまざまなシンボル的小道具によって、他の者と区別されているが、なかでも最も重要なものが王冠であり、特に上下エジプトの調和のある統一の維持を象徴する王冠は、極めて重要な役割を有している。その他、ネメス頭巾、ウラエウス、付けひげの顎ひげ、ヘカ笏とネケク笏、牡牛の尾の腰飾りなどの王権の象徴は、彼の神聖なる統治権を象徴している。

ネメス頭巾
Nemes headdress

ファラオのかぶるネメス頭巾は、亜麻布を硬化させて帯状にし、前裾が両肩の前に垂れ下がり、後ろを背中で束ねた形で縫合したものである。それはライオンのたてがみを様式化したもので、ライオンを象徴すると同時に、転じて、太陽とラーを象徴する。

地下世界の王
King of the underworld

王家の墓、ホルエムヘブ王(BC1319-1307)の墓の壁画に描かれたミイラ姿のオシリス。アテフ冠をかぶり、ヘカ笏(左手)とネケク笏(右手)を両手に持つことで、地下世界の王であることが示されているが、その緑色(野菜を表す)の肌は、生命と再生を象徴する。

ウラエウス Uraeus

ファラオの両目のすぐ上から、少し後方に反るようにして鎌首をもたげるコブラ、ウラエウスは、その主人の王位を狙うものに対しては誰であろうと猛毒の唾を吐きかける用意があると身構えており、それによってファラオの守護を象徴する。ウラエウスは通常、コブラの女神ウアジェトの化身であるが、ラーの目を表すこともある。

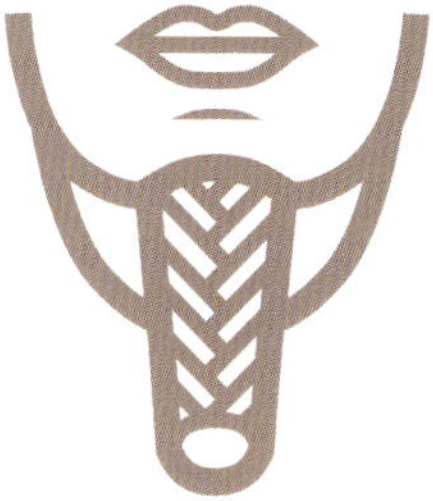

付けひげの顎ひげ False beard

しっかりと固められ、革ひもで顎に固定する方式の付けひげを、天然のひげに見せるための偽装はまったく行われなかった。というのは、それは王権のシンボルであり、その必要はなかったのである。その顎ひげの先が前方に曲がっているとき、それは冥界の王であったオシリスとのつながりをシンボル的に強調している。

ヘカ笏とネケク笏 Crook and flail

エジプト王権を象徴するもう１つの重要な組み合わせが、ヘカ笏（元々は家畜を操るために使われていた）とネケク笏（鞭または蝿払いとして使われていた）である。冥界の王であるオシリスもこの両方を手にしており、それによってファラオとオシリスのつながりをさらに明確に示す。

牡牛の尾の腰飾り Bull's tail

ファラオが腰のあたりから様式化された尾を垂らしている姿が良く描かれている。それは牡牛の尾を表し、王が生まれながらにして動物的な強さ、攻撃性、男らしさを持っていることを象徴している。それらは統治者として持つべき理想的な資質と考えられ、それゆえにファラオはしばしば「強き牡牛」と呼ばれることもある。

エジプト・ヒエログリフ：ファラオの5つの名前

Egyptian hieroglyphs: the pharaoh's five names

p.55「ホルス」
も参照

ホルス名
Horus name

ファラオはホルス神と同一視されたが、ヒエログリフでは、ホルス神は泥レンガ造りの王宮とその背後の壁を表す長方形の枠（セレク）の上に止まっているハヤブサで示され、そのセレクの枠の中にファラオのホルス名が記されている。

古代エジプトのファラオは、正式な名前を５つ持っていた。ホルス名、二女神名、黄金のホルス名、即位名（praenomen）、誕生名(nomen）である。ファラオに与えられる各名前は、すべて一人ずつ異なっているが、どの種類の名前であるかを示すために使われるシンボル的ヒエログリフは同じである。そしてこれこそが、壁画やさまざまな書物に１人または数人の王が描かれるとき、王の名前が書いてあることを知らせる目印となるものである。即位名と誕生名の場合は、もう１つのわかりやすい見つけ方がある。それは楕円形のカルトゥーシュ（シェヌ）を探すことである。その中に王の名前が書かれている。

王位継承 Pharaonic succession

それぞれ２個ずつのカルトゥーシュが、この２人の人物の名前を示している。左にいるのがトゥトアンクアメン（ツタンカーメン）で、右がその後継者のアイである。アイがトゥトアンクアメンのミイラに「口あけの儀式」を行っている場面が描かれているが、それにより死者の感覚が蘇ると信じられていた。（第18王朝トゥトアンクアメン王の墓壁画）

二女神名 Two Ladies' name

ハゲワシと鎌首をもたげたコブラのヒエログリフは、それぞれ上エジプトを象徴する女神ネクベトと下エジプトを象徴する女神ウァジェトを表す。またそれらが立っている籠(ネブ)は、「レディー」または「ロード」(どちらも貴族の尊称)を表す。これらの組み合わせにより、「二女神名」(ネブティ名)であることが示される。

黄金のホルス名 Golden Horus name

ファラオの黄金のホルス名であることを目立たせているシンボル的なヒエログリフは、2つの部分から成り立っている。ハヤブサはもちろんホルス神を表し、それが止まっている精巧に作られた椅子のように見えるヒエログリフは、実は「黄金」を意味する。黄金はまた、太陽と不朽性をシンボル的に含意している。

即位名 Throne name

植物セッジ(スゲ)とミツバチのヒエログリフは、両方で「セッジとミツバチの彼」を意味するが、これによりファラオの即位名(*praenomen*)、ネスウ·ビトであることが示される。セッジは上エジプトを象徴し、ミツバチは下エジプトを象徴する。それゆえこの表示は、「上下エジプトの王」という意味になる。

誕生名 Birth name

ファラオの誕生名(*nomen*)の前には、アヒルまたはガチョウ(*se*)と、太陽(*re*)のヒエログリフが書かれている。それゆえこの名前はまた、*se-re* 名とも呼ばれる。*se* は「息子」*son* を表し、*re* は太陽神ラーを表す。こうしてこの2つのシンボルは、王の神性を「ラーの息子」として象徴する。

アディンクラのシンボル *Adinkra symbols*

p.243「同心円」
も参照

西アフリカ、ガーナ共和国アシャンティ王国の人々が代々考案し、受け継いできたアディンクラ紋様のモチーフは何百とある。その紋様は、元々は葬送の時に着る衣服の布に型押しされたものであったが、その後使用範囲は大きく広がり、現在ではあらゆる種類の品物、工芸品、建築装飾、さらにはお祭りの衣服にさえ使われるようになった。アディンクラの中には、本来何を意味していたかが忘れられたものもあるが、よく使われる紋様には、宇宙の原理(神や死などに関するもの)を表すもの、あるいは古来からの言い伝えを簡潔にシンボル的に表現したものが多い。

Owuo atwedee
Owuo atwedee

アディンクラのシンボル体系によれば、*Owuo atwedee* のモチーフは、現世での生を終えたときに死者を来世に導く、死のはしごを意味している。それはわれわれに、「われわれは死すべきものであり、それゆえに現世を精一杯生きよ」と思い起こさせる紋様である。

神を思い起こさせる紋様
Reminders of God

ガーナ共和国の古都クマシの古い神殿の壁画には、2つのアディンクラのシンボルが描かれている。上の紋様が *Nyame biribi* で、その下が *Gye Nyame* であり、両方合わせると、概略「神は天にある」という意味になる。それは人々に、「神はいつも人々の声を聞き、自分の方を見る者を導く」と伝えている。

Mmusuyidee Mmusuyidee

アディンクラ紋様の1つ、*Mmusuyidee* は、神聖なるものと幸運を表す。ある解釈によれば、この紋様は、いっしょうけんめい体の汚れを落とし、自分を清潔に保つ猫の習性を表しているとのことである。それゆえこの紋様は、純潔、悪運の追放、幸運を表す。

Adinkrahene Adinkrahene

Adinkrahene とは、「アディンクラの王」を意味し、アディンクラ・シンボルの中でこのモチーフが一番重要と考えられている。このモチーフから派生して多くの紋様が創造されたことは間違いないが、この紋様の第1の意味はリーダーシップであり、その3つの同心円は、族長の威信、伝播、信奉者を示唆する。

Mmere dane Mmere dane

アディンクラ言語のシンボル体系において、*Mmere dane* は、「時の移り変わり」を意味する。鏡像になっている上下の三角形は、時を計測する砂時計を表し、それらを結ぶ円は、停止することのない時間の永遠なるサイクルを表している。こうしてこの紋様は、「万物はけっして停止せず、同じ場所に留まることはない」ということをわれわれに思い起こさせる。

Gye Nyame Gye Nyame

アディンクラ・シンボルの中で最も人気のあるものの1つが、この *Gye Nyame* である。意味するところは「神から離れて」ということであるが、それは見る人に、「人生には何も恐れるものはない、ただ神を除いて。」と告げている。こうしてこの紋様は、至高の存在としての神（*Nyame*）の絶対的全能性を称えている。

SYMBOLIC SYSTEMS

アディンクラのシンボル *Adinkra symbols*

p.185
「聖アンデレ」
p.219
「牡羊座(アリエス)」
も参照

アディンクラのシンボルは、それが喚起する概念や言い伝え、物語を知るものにとっては、単なる装飾的紋様ではなく、人生をいかに最善に生きるかについての意味深いメッセージであり、勇気づけられる助言である。しかし様式化されすぎて、初心者にはどのような意味を持っているかが判別しづらいアディンクラもあり、それが組み合わされて使われているときはなおさらである。しかし一目でそれとわかるシンボル――たとえばduafeの紋様は、そのまま櫛の外形になっている――もあり、それらは解釈もわりと簡単である。

葬儀用櫛 Ritual comb

アシャンティ族の葬儀に際して使われてきたと考えられている左の木櫛と、*duafe adinkra* のシンボルの関係は一目でわかる。木櫛の握りの中心部に彫られている顔は、豊穣のシンボルである *akuaba* の人形をかたどったものである。

Nyame nnwu na mawu
Nyame nnwu na mawu

4つの卵型の端部を持つX型のアディンクラ・シンボルが、*Nyame nnwu na mawu* である。それは、「神は決して死なない、そして私も」というメッセージを伝えている。それは *Nyame*(神)の不滅と、それを信じる者の魂の不滅を象徴している。

Dwennimmen
Dwennimmen

「牡羊の角」を意味する *dwennimmen* は、中心の白い空間を2頭の牡羊の巻いた角で囲んだ紋様である。牡羊の角は攻撃性を喚起するが、牡羊はよく角を突き合わせたまま身動きできなることがあり、また人間に対しては従順であることから、このシンボルの根底には「謙虚であれ」というメッセージが込められている。

Duafe Duafe

アディンクラ *duafe* のシンボルは、アシャンティ族の女性が使う木櫛を表している。それゆえ、それは自分の容姿に対する自信、良い身だしなみ、美しさなどの女性の美徳を表し、さらには自己犠牲や他人への思いやりなど、女性ならではの心の気高さをも象徴している。

Akoko nan Akoko nan

「雌鶏の足」を意味する *akoko nan* は、アシャンティ族の古いことわざを紋様化したものである。「雌鶏はよくひよこを足で押さえつけるが決して殺すことはない」ということから、親は毅然とした態度を取らなければならないが、同時に深い愛情を持たなければならないということを伝えている。

THE AMERICAS
南北アメリカ

はじめに *Introduction*

p.86-7
「大平原戦士のシンボル」
p.10-11
「宇宙と自然世界」
も参照

南北アメリカの変化に富んだ美術様式は、自然界から昇華抽出された形象やシンボルで満ち溢れているが、それはこの地に住む人々が古来から受け継いできた、自然との共生というホリスティックな考え方を色濃く反映している。ホピ族やマヤ人のような農耕民族の美術には、穀物や雨などを様式化した形象が頻繁に現れ、またアステカ人のような好戦的な民族や北米大平原の先住民族のような狩猟民族は、自らを獰猛な野獣と同一視し、それらの動物を標章化したり、霊的存在として崇めたりした。それはヴードゥー教のヴェヴェ(p.82を参照)についても同様である。自然界の生き物が部族のアイデンティティを象徴し(アメリカ北西部沿岸部族の標章・クレストに見られる)、それを中心としたシンボル体系があらゆる装飾や日常生活に深く浸透している。

防御する力 Protective power

ヒダーツァ族(大平原)の戦士の盾(1865年頃)。威嚇するグリズリー・ベア(灰色熊)の姿を描くことによって、この獰猛な動物に象徴される防御的な力を身につけることを望んだのであろう。盾の周囲に垂れ下がるワシの羽根は、太陽光線を表すとともに、この猛禽の強さと勇敢さを顕現している。

クロー・マザー（母ガラス）・カチナ
Crow Mother kachina

母ガラスという意味の Angwusnasomtaka は、北アメリカ南西部ホピ族が、自分たちの支援者と考えているすべての精霊カチナの母である。仮面や人形で表される彼女の最大の持物は、カラスの羽根で縁取られたトルコ石の頭飾りである。

トウモロコシ
Maize plant

トウモロコシは、メソアメリカ住民の主食となる最重要の穀物であることから、生命と豊穣の普遍的な象徴にとどまらず、ついには神格化された。たとえばマヤのトウモロコシの神の図像の多くが、この植物の穂軸を人間の姿にしたり、それを頭飾りにしたりして描かれている。

クマ Bear

アメリカ北西部沿岸先住民の美術で部族を象徴する動物の 1 つであるクマは、他の多くの動物と同様に、両耳を頭の上に飾りのように折りたたんだ姿で描かれる。そのクマは尖った爪の大きな掌を広げ、多くの歯をむき出し、そこから舌を出している。クマは狩猟のときに見せるその獰猛さと、巣を守るときの技能の高さを象徴する。

ウサギ Rabbit

アステカの 260 日暦の構成単位であるセンポワリ（20 の暦日）の 8 番目の日（トチトリ）のシンボル的動物がウサギである。メソアメリカにおいては、ウサギは特に月とプルケ（リュウゼツランから造る酒で、その白濁した色がミルク、多産、母性を連想させる）と同一視された。

ナヴァホ族のイェイ *The Navajo yei*

p.91「**回転する丸太**」
p.29「**虹**」
も参照

ナヴァホ族が、精霊行進などの平癒儀式や調和《ハーモナイズ》儀式などに際して特別に制作する砂絵（ドライ・ペインティング、p.248参照）に描かれるのが、彼らの精霊イェイである。以下で述べる決められた模様と原則に従って制作されるその絵は、神聖なるものであると同時に（なぜならその絵は精霊が顕現する乗り物であるから）、刹那的なものである。というのは、儀式が済んだ後には崩されるから。現在では、その砂絵に似せて、神聖なものではないが保存できる図像が、膝掛けや壁掛け用に織られており、それによってナヴァホ族ではない人々も、イェイのシンボル体系とその構成がいくらか理解できるようになった。それらの精霊は、直立不動の姿勢で前を向く、長い胴体の人物を様式化した形で描かれる。

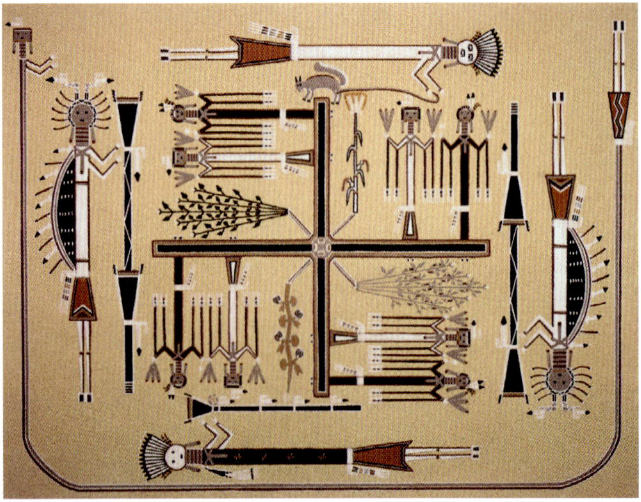

『回転する丸太』
'Whirling logs'

『回転する丸太』の物語を主題にして描かれた砂絵には、４対の男女の精霊イェイが描かれている。この絵はナヴァホ族の『夜の詠唱行進』のときによく制作される。その他、虹の女神（三方を囲むように長くひき伸ばされた人物）と「トーキング・ゴッド」（図上方のリスの革袋を手に提げている横向きの人物像）も描かれている。

トーキング・ゴッド Talking God

トーキング・ゴッドまたはソフト・トーカーと訳されているHastseyaltiは、最高位のイェイで、東、夜明け、トウモロコシの守護精霊であり、『夜の詠唱行進』では先頭に立つ。この守護精霊は、白い顔をし、羽根を逆立てた頭飾りをつけ、統率力を象徴している。手に提げているリスの革袋には、トウモロコシの花粉が入っている。

男性のイェイ Male yei

女性のイェイとは対照的に、男性のイェイは丸い顔が特徴である（両方ともスカートを着用している）。黒と黄色を多用し、稲妻の閃光のような模様や曲線で装飾することによって、男らしさが強調されている。

女性のイェイ Female yei

ナヴァホ族の砂絵や織物には、女性のイェイが多く描かれている。彼女たちの特徴は、正方形または長方形の顔で、女性らしさを象徴する色として青と白が多く使われている。また装飾的に直線が多用されているのも特徴である。

虹の女神 Rainbow goddess

ナヴァホ美術では、虹の女神はたいてい胴体を長く引き伸ばされて、三方を囲む枠のように描かれ、その中に他のイェイを包み込んでいる。枠の開放された部分（「精霊の裂け目」）は、東向きまたは上側にある。この守護女神は、空と地上を結ぶイェイの通り道を象徴し、長く伸ばされた多色の胴体で示される。

ホピ族のカチナ *The Hopi kachinas*

p.87「バッファロー」
も参照

北アメリカ南西部の農耕民族ホピ族は、冬至から夏至までの期間、彼らの周囲には300ものカチナ（雨をもたらす自然と豊穣の精霊）が共に生きていると信じている。この期間中に数回行われるダンス儀式では、精霊の実在が、霊媒師や憑依者が身につける仮面や衣装によって象徴される。それぞれのカチナを特徴づけるシンボルや持物——頭飾り（tabletas）が代表的なもの——は、綿の木の根で作ったカチナ人形に再現され、ホピ族の子供たちに伝統を教える教材として使われてきた。しかし今日カチナ人形は、急速にある種の工芸品になりつつある。

ズニ族のカチナ人形 Zuni kachina doll

カチナはホピ族に固有のものではなく、他のプエブロ部族にとっても重要なものである。左は1915年頃に作られたズニ族のカチナ人形で、木、顔料、生皮などの素材で精巧に装飾されている。角のある頭部は、このカチナ人形がバッファローの精霊であることを示している（次ページも参照）。

サンカチナ Sun kachina

太陽の精霊であるサン（Tawa）カチナは、当然ながら温暖、光、幸福を象徴する。羽根で縁取られた円形の頭飾りは、光線を放射している太陽円盤を象徴している。円の下半分は、空を表す青色に塗られ、上半分は太陽の赤と黄色の２色に塗り分けられている。

蝶々の乙女 Butterfly Maiden

この女性をカチナとは認めない人々もあるが、ダンス儀式に登場するこの蝶々の乙女（Palhik Mana）は、「偉大なる精霊」（カチナ）の頭飾りをつけて登場する。その頭飾りは、たいてい蝶々とトーモロコシ（両者とも豊穣と生命を象徴する）を表すシンボルで飾られ、その形は雨雲を連想させる。

鷲のカチナ
Eagle kachina

Kwahu（鷲）カチナを表す衣装は、鷲の羽根の両翼、黄色い嘴の出たトルコ石のマスク、羽根の頭飾りが主な特徴である。ホピ族の間では、鷲は人間と精霊の間で伝言を運ぶ鳥と考えられ、厚く崇敬されている。

白いバッファローのカチナ
White Buffalo kachina

Mosairu（白いバッファロー）カチナは、頭部に大きな弧を描くバッファローの角を付け、この動物の革を連想させる白い毛皮の頭飾りとマントを身につけている。白いバッファローはめったに目にすることがないことから、聖なる存在と考えられ、精霊による祝福、幸運を示す吉兆のシンボルとなっている。

SACRED

アステカの神々 *Aztec deities*

p.93「羽毛のある蛇」
p.29
「アスクレピウスの杖」
も参照

スペイン人征服者によって滅ばされるまでメソアメリカで繁栄を謳歌していたアステカ文明は、それに先んじる文明の神々、特にマヤ文明の神々を多く継承していた。もちろん、アステカの神々は個々に、そして全体として見た場合も、アステカ社会の中心的関心事と理想を反映していたが、それらの神々を象徴するシンボル的な属性の多くも、やはり先行する文明の神々と彼らを取り巻く自然の両方から抽出されたものであった。アステカ美術は高度に様式化されているが、現存する彫像や工芸品、絵文書の中に、神々を識別し定義する助けになる属性、たとえば羽毛に被われた蛇の姿などを識別するのはそれほど難しいことではない。

ショチケツァル
Xochiquetzal

ケツァル（キヌバネドリ科の鳥）の緋色と緑色の羽根は、天然の美の象徴として高く称賛された。この神秘的な鳥は、女性の理想的な姿を神格化した愛と多産の女神ショチケツァル（「花のケツァル」）の化身であるとされた。ショチケツァルは多くの場合、ケツァルの羽根の頭飾りをつけて描かれている。

蛇のスカートをはいた女神
Serpent-skirted goddess

メキシコ、テフアカン出土のこの彫像が腰に巻いているスカートには、ガラガラヘビが織り込まれているが、それによってこの像が、アステカの神々のうちのコアトリクエ（「蛇のスカートをはいた女神」）であることが識別できる。頭蓋骨のような顔、垂れた乳房によって、彼女が死と誕生の両方を象徴する神であることが強調されている。

ケツァルコアトル Quetzalcoatl

ケツァルコアトルとは、「羽毛のある蛇」という意味で、この場合の羽毛はケツァルの羽根のことである。それゆえこの「善」の神(天空と豊穣の神)ケツァルコアトルは、たいてい、雄のケツァル鳥の鮮やかな緑色の長い尾羽を何本もひるがえした華やかな頭飾りをつけた、身をくねらせた蛇の姿で表現される。

ウィツィロポチトリ Huitzilopochtli

アステカの神々の中で最も重要なのが、ウィツィロポチトリである。それは「左側のハチドリ」あるいは「南のハチドリ」を意味する。この太陽と戦闘の神は、黄金の鷲の姿で表される時もあるが、多くの場合、ハチドリの頭飾りによって象徴されている。というのもハチドリは、槍のように長く鋭い嘴を持ち、攻撃的であることから、好戦的なアステカ人のシンボルとなっていたからである。

コアトリクエ Coatlicue

「蛇のスカートをはいた女神」コアトリクエは、アステカの大地母神であり、殺される間際にウィツィロポチトリを産み落とした。この女神が身につけているバラバラに切断されたスカートは、蛇の脱皮した皮でできているが、それは(彼女自身の)死と(ウィツィロポチトリの)誕生、そして再生を象徴する。

SACRED

メソアメリカのその他の神々
Other Mesoamerican deities

p.89
「ジャガー冥界神」
p.89
「ジャガー戦士の称号」
も参照

メソアメリカの人々に尊崇されていた神々は、それを崇拝する人々のさまざまな関心事を反映し、それを属性として象徴していた。たとえばマヤの人々にとっては、土地の肥沃さとトウモロコシの生育が最大の関心事であったが、それを反映して、多くの神々のなかでも、雨の神チャクに特別重要な地位が与えられていた。アステカ人も文明の基礎となるこのような自然的条件を踏まえ、それを象徴する神々を彼らのパンテオンに存続させたが、彼らの文明の好戦的な傾向を反映して、やはりその中には戦闘に関する神が多く含まれていた。それらは絵文書の中に、極めて精緻で躍動的なスタイルで描かれている。

アステカの雨の神
Aztec rain god

多色塗りの精巧に作られたアステカの壺からこちらを睨みつけているその顔は、ジャガーの牙と大きく見開いた目から、雨の神トラロックということがわかる。「もたらす者」として崇拝されているトラロックは、彼を祀るテノチティトランのテンプロ・マヨール（大神殿）の頂上に住んでいると信じられていた。

マネキン杖
Manikin Sceptre

マネキン杖（またはゴッドK、GⅡ）と呼ばれるマヤの神は、元々は稲妻を表していたようだが、やがて神々から授与された統治権の象徴となった。鼻が大きく突き出た顔、蛇のような足、それ以外は人間の姿をした小型のマネキン杖が王の手に抱かれているのを絵文書に多く見ることができる。

トラロック Tlaloc

アステカの雨の神トラロックは、大きく見開いた目とジャガーの牙が特徴であるが、雨の神とジャガーの結び付きは、この大型のネコ科の動物が出す唸り声が雷鳴に似ていることに由来するのであろう。雷と稲光はまた、それぞれトラロックが手に持つ両刃の斧と蛇によって象徴されている。

シウテクトリとシワコアトル
Xiuhtecuhtli and Xiuhcoatl

メソアメリカの火の神シウテクトリを表す最大の持物は、それが手に持つ火の蛇シワコアトルまたはトルコ石の蛇(ウィツィロポチトリもこの蛇を武器として振り上げている)である。火と太陽光線の象徴であるシワコアトルは、蛇の頭部と弓型になった胴体で示されている。

テスカトリポカ Tezcatlipoca

テスカトリポカとは「煙を吐く鏡」を意味する。その鏡はメソアメリカの魔術の神の持物で、この神が予知能力を持っていることを象徴している。テスカトリポカは、よく磨かれた黒曜石でできた丸い鏡を後頭部に担いでいる（時に彼の片足がその鏡に変化している場合もある）。

SACRED

ヴードゥー教のロア *Voodoo loas*

p.183
「処女マリアの７つの悲しみ」
も参照

ヴードゥー教と、それとつながりのあるヴォドゥ、サンテリア、マクンバなどの独特の宗教が、南北アメリカに奴隷として連れてこられたアフリカ人の間に広まり、現在でも、ニューオーリンズ、ルイジアナ、ハイチ、ドミニカ共和国、ブラジルなどに多くの信者がいる。黒人奴隷の多くが西アフリカから連れてこられたため、ヴードゥー教の起源がその地域にあるということはできるが、それにローマ・カトリック教などの他の宗教のさまざまな要素が組み込まれ、現在の形となった。ヴードゥー教には何百という神々、ロア（至高の存在と人間を結ぶ媒介的存在）がいる。それらのロアは、ヴードゥーの儀式の中でそれぞれに固有のシンボル的絵模様（ヴェヴェ）を描くことによって顕現される。ここにいくつか例を示したヴェヴェは、現在では絵画の中に多く描かれるようになってきている。

エルズリー・ダントール
Erzulie Dantor

『ヴードゥーの女王、エルズリー・ダントール』（ハイチの画家アンドレ・ピエール作、1978）。エルズリーの暗い側面が描かれている。イニシャルのEDの文字のあるハート型のペンダントが胸を飾り、足元には彼女のヴェヴェ（剣に貫かれたハート）が見える。

ダンバラ Damballa

すべてのロアの父親とされる最も重要なロア（ダンバラ・ウェドともいわれる）。ダンバラは、ニシキヘビやボア・コンストリクターなどの大型の蛇によって象徴され、ダンバラのヴェヴェは蛇のモチーフを中心に制作される。

レグバ Legba

太陽と魔術をつかさどるロアであるが、最も重要な役割は、死すべき人間世界とロアの世界を仕切る扉の番人という役割である。彼はまた「十字路の主人」とも呼ばれ、人生の岐路をつかさどる。それゆえ、彼のヴェヴェは十字を基本に制作される。

エルズリー Erzulie

女王エルズリーといわれることもある女性ロア、エルズリーは、月の化身である。美しさ、官能、虚栄で特徴づけられる彼女は、富、物質的な所有、そして愛といった人生の享楽を好むことで人々の人気を集めている。エルズリーのヴェヴェは、愛のシンボルであるハートで縁取られている。

サメディ男爵 Baron Samedi

サメディ（サタデー）男爵は、邪悪な精霊のグループ、グエデスに属し、過度の性欲を持つことでよく知られているが、究極的には死とつながりがある。グエデスの一員であることから、彼のヴェヴェは棺や墓などの死のシンボルを基調としている。

北西部沿岸部族の標章（クレスト）

Northwest Coast clan crests

p.163
「鷲と雷光」
p.175
「戦争の女神たち」
も参照

北アメリカ北西部沿岸の先住民族（トリンギット、ハイダ、ツィムシャン、ベーラ・ベーラ、ベーラ・コーラ、クワキウトル、ヌートカ、セイリッシュなど）は、昔からほとんど変わらない、漁労を中心とした生活を営み、沿岸部に定住のための村落を築いて生活している。そこには共同生活のための巨大な木造家屋が建てられ、親族や部族が一団となって生活している。それらの集団は、代々継承されてきた、大胆に造形された部族の標章（クレスト）を通じてアイデンティティを獲得してきた。クレストは大きな板にレリーフ状に彫られたり、彩色されたり、あるいは両方を組み合わせて、家屋の正面や、トーテムポールなどの造形物の上に掲げられている。それらのクレストの多くが、土着の動物を意匠化したもので、それぞれが独自のシンボル的意味を表現している。

イーグル Eagle

北西部沿岸部族の伝統的な線使いでイーグルを表現する時の最大の特徴は、下方に鋭く曲がった嘴である（太い黒い線を使う）。ハイダ族の代表的なクレストであるイーグルは、比類なき狩りの能力、視力、聴力そして統率力を象徴する。

ハイダ族のワタリガラスのトーテム
Haida raven totem

北西部沿岸部族特有の線による大胆な造形によって、ハイダ族のワタリガラスのトーテムが造られている（粘板岩、19世紀）。ハイダ族は粘板岩を使った優れた工芸品で有名である。

シャチ（キラー・ホエール） Killer whale

ハイダ族にとってこの世で最も強い動物は、シャチであり、それは力のシンボルである。北西部沿岸の美術では、シャチは巨大な背びれとそのすぐ前方の潮吹き穴が最大の特徴である。また胸びれが大きく突き出しているものもある。

ビーバー Beaver

巧妙にダムを築くビーバーは、創造、建設、勤勉を象徴する。北西部沿岸美術では、かなり強調された２本の切歯と、直立した長い尻尾が特徴で、時に両手で魚や丸太を抱えていることもある。

ワタリガラス Raven

北西部沿岸で最も親しみのあるクレストといえるワタリガラスの特徴は、まっすぐに、あるいは緩やかに曲がって突き出た嘴である。伝承では、人間に天体を、それゆえ光と火を与えたといわれているワタリガラスは、トリックスター、カルチャーヒーローであると同時に、死肉をついばむことから自然界の秩序の維持にも関係がある。

カエル Frog

様式化された対称形の多い北部沿岸部族の美術では、カエルは普通、大きな目玉と広く空けた口を強調して描かれ、それに卵型やＵ字型の積み木のような形が組み合わされる。カエルはこの地では情報を伝える使者であり、魔術と幸運のシンボルと考えられている。

IDENTITY

大平原戦士のシンボル

Plains' warrior symbols

p.33
「北アメリカ先住民の盾」
p.77
「白いバッファローの
カチナ」
も参照

大平原の北アメリカ先住民部族(スー、クロウ、ブラックフット、アラパホ、コマンチ、シャイアン、ポーニーなど）は、移住狩猟民族であることから、伝統的にワシやクマなどの野生の捕食動物を崇敬し、当然にもそれらの動物は戦士を守る魔術的な力を持つシンボルとなった。サンダーバード(雷神鳥)も、ワシとのシンボル的なつながりを持ってはいるが、神秘的な存在である。しかし、現世的な次元で最も崇敬されていた動物は、やはりバッファローであった。というのも北アメリカ大平原に大きな群れをなして生息していたバッファローは、彼ら先住民に肉と革をもたらす大切な存在であったからである。革はティピ（テント)、衣服などに用いられ、また生皮は、大平原の人々がシンボル的な絵文字や紋様を描くキャンバスとなった。

防御盾 Protective shield

1860年頃に作られたこのクロウ族のシカ革の盾には、1本の鳥の羽根が飾られているが、この盾でそれよりももっと重要なシンボル的要素は、大きく描かれた鋭いかぎ爪を持つ動物である。これを持つ戦士は、このシンボル的な動物が味方してくれるので、敵の攻撃から身を守ることができると本気で信じていたのであろう。

サンダーバード Thunderbird

神秘の鳥サンダーバード（雷神鳥）は、至高の天空の精霊であり、戦士の力のシンボルである。多くが顔を横に向けた形で描かれ、体は砂時計のような形をしている時もあるが、大きく翼を広げ、尾羽を扇子のように開き、嘴は鉤型に曲がっている。非常に巨大な鳥で、羽根を動かすと雷鳴が轟き、目からは稲光の閃光が放たれるといわれている。

クマの爪のある手 Bear paw

その比類なき強さ、大きさ、獰猛さで、クマは大平原戦士の最も好むパワー・アニマルであった。戦士たちは、その爪の出た手を盾や盾カバーに描くことによって、シンボル的にクマの精霊を戦場に呼び出し、その守護的な力による加護を願った。

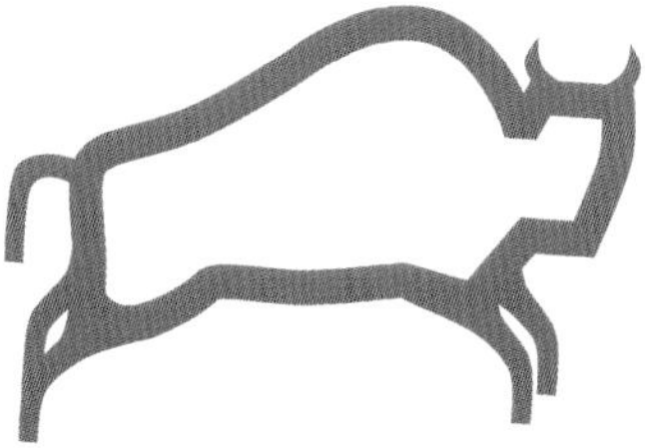

バッファロー Buffalo

バッファローは、戦士が身にまとうローブ（長衣）や盾（戦闘での手柄や守護的な力のシンボルがそれに描かれる）となるだけでなく、狩猟対象動物であり、力、豊穣、知恵のシンボルとして、それ自身絵文字や横縞模様の絵柄として意匠化されている。

羽根の輪 Feathered circle

大平原戦士の使う道具に描かれる絵には、様式化された鳥の羽根を円にした図柄がよく見られる。円と放射状の紋様は太陽を表し、羽根はさまざまなシンボル的意味を暗示している。ワシの羽根として、それは空の支配者、高い所に住む精霊との交信、守護、そして戦功を称える羽冠（ウォーボンネット）を暗示している。

IDENTITY

アステカ文明の戦いのアイデンティティ・シンボル

Aztec symbols of military identity

p.33
「ローマの紋章旗」
p.163
「鷲と雷光」
も参照

現存するアステカのレリーフや絵文書には、威圧的な甲冑を身にまとい、多くの武器を携えた戦士集団が多く描かれているが、それらはメソアメリカに、高度に発達した軍事文化があったことを証言している。その文化の最大の特徴は、戦士と爬虫類、野獣、猛禽の形態との一体化で、特に蛇（定型化された武器や兜に表されている)、ジャガー、ワシ(前者は「アステカ・ジャガー」、後者は「ワシの戦士」と呼ばれる称号にもなっている）との一体化が盛んに行われた。その他すべての捕食動物が、軍事的な文脈の中でシンボル化されていた。たとえば蛇は、稲妻と火を象徴し、ジャガーは地球と太陽に対する夜の支配を意味し、ワシは空と昼間の太陽の支配を意味した。

ウォー・サーペント War Serpent

マヤの壁画や彫刻では、しばしば武器の柄や戦士の頭飾り・兜に、ウォー・サーペントが描かれているのを見る。うろこ状の皮と暗くまるい目をした蛇の姿は、獰猛なジャガーを模した戦闘服の牙にも描かれ、その攻撃性と殺傷能力の表現をさらに効果的にしている。

ワシの戦士 Eagle knight

アステカ時代の木鼓に浮き彫りにされたワシの戦士の徽章。ワシの嘴が戦士の頭部を保護する兜となり、両翼の上と下から手と足が出ている。

ジャガー冥界神 Jaguar God of the Underworld

その鋭く尖った爪と牙、捕食動物特有の獰猛な性質によって畏怖されていた夜行性の動物ジャガーは、メソアメリカ人の心ではまた、冥界ともつながりがあった。マヤの冥界（そして夜の太陽）の神であったジャガー冥界神――全体がジャガーの姿の場合もあれば顔だけの場合もある――は、それゆえ、死をもたらす凶暴性を象徴している。

ワシの戦士の称号 Eagle Warrior Order

空の最も高い場所を旋回し、鋭い目で獲物を捉え、鋭利な嘴とカミソリのような爪で獲物を仕留めるワシは、アステカ人にとっては空の王であるだけでなく、昼間の太陽の化身とされた。全能の鳥であるワシは、当然のこととして、アステカ戦士の名誉の称号となった。ワシの戦士軍団は、嘴の突き出た兜をかぶり、羽毛のある両翼のような甲冑を身につけて描かれている。

ジャガー戦士の称号 Jaguar Warrior Order

メソアメリカの百獣の王であるジャガー（*Panthera onca*）は、王権を象徴する。また獲物を捕獲する時に見せるジャガーの比類なき身体能力、強さ、技術、冷徹な戦略は、この動物を貴族的なアステカ戦士軍団のシンボル的な守護神とした。

SYMBOLIC SYSTEMS

南西部部族のシンボル体系
Symbolic systems of the Southwest

p.74
「回転する丸太」
p.111
「スヴァスティカ」
も参照

北アメリカ南西部に住む先住民部族（プエブロ、ホピ、ナヴァホ、アパッチ、ズーニーなど）は、砂絵、籠細工、織物、陶器などを通じて先祖からの美術様式を継承してきた。このような表現媒体においては、緻密で複雑な模様はあまり効果的でないことから、単純化されたシンボル的なモチーフによって抽象的な概念や物語が伝えられてきた。農耕定住民族であった南西部部族にとっては、気候変動が死活を決する重大な関心事であった。そのため彼らの、自然の周期や、すべてを包含し、すべてがそこから降ってくる天空についての知識は卓越したものがあった。こうして彼らの美術には、星や太陽の他、気象学的なシンボルが多く描かれるようになった。

ジア Zia

南西部部族の描く太陽は、一般に、円（太陽円盤）と、そこから東西南北の４方向に放射する光線の束で表される（上のジア・シンボルがその代表的なもの）。このモチーフは、中心と４方位を表す場合も用いられる。

ホピ族のカチナ Hopi kachina

多くのシンボルが描き込まれているフレッド・カボティの『ホピ族のカチナ』。右下の円の形はサンカチナである。カチナは雨をもたらしてくれると信じられ、頭部とその上には、雨雲と雨のシンボルが描かれている。

明けの明星

Morning Star

アパッチ族の籠細工には、四芒星を中心にした模様が多く見られる。南西部部族のシンボリズムでは、星は概して精霊を表し、特に明けの明星（夜明け前の空で最も強い輝きを放つ金星）は、この地域の北アメリカ先住民の宗教的伝統においては、特別重要な意味を持っていた。

回転する丸太 Whirling log

南西部部族の美術では、先端が鉤型になった十字形が良く使われ、多くの名称（「回転する丸太」もその１つ）と意味を持っている。その多くは、太陽、宇宙、水とつながりがあり、動きや動力学的な循環を象徴している。

雨 雲 Rain cloud

雨雲は多くの場合、半円形をピラミッド状に積み重ね、その中間部から、雨を予告する稲妻を表すジグザグ型が突き出している形で描かれる。プエブロ族の神話によれば、雲は、亡くなった族長的な人物の精霊（息）と信じられていた。

雨 Rain

北アメリカ南西部の乾燥地帯で農業を営む先住民にとって、雨は、穀物の出来、不出来を左右する死活問題であった。降雨は、雲を表す半円と、その底辺から下に向けて引かれる数本の線によって表される。

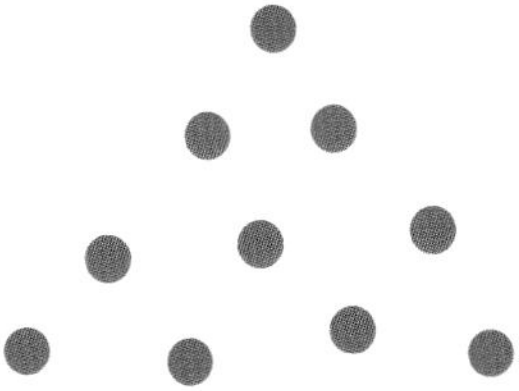

雪 Snow

南西部部族の絵画で雪を表すモチーフの多くが、点をピラミッド型に並べた図柄で表現される。それは単純ではあるが、雪片が大地を静かに覆っていく様子が優美に表現されている。

SYMBOLIC SYSTEMS

南西部部族のシンボル体系

Symbolic systems of the Southwest

p.236
「カンガルーの足跡」
も参照

蛇と雷光
Snake and lightning

体をくねらせた蛇の形と雷光が似ていることから、両者が一体化されてジグザグの線で表現され、先端に蛇の頭部を表す三角形がつけられている。このシンボルは一般に、水、雨、そして豊穣を象徴する。

北アメリカ南西部に住む諸部族にとっては、その棲息地を共有している爬虫類や動物、鳥類は、すべてが等しく人間と同等の重要性を持つもので、たとえその存在が彼らにとって危険を及ぼすだけのもの、あるいは食料や衣類の原材料を提供するだけのものであったとしてもそうである。それらの生物のほとんどすべてが、より深いシンボル的な意味を有しており、そのためこの地域のアメリカ先住民の美術に繰り返し表現されている。ここに紹介するいくつかのシンボルは、籠細工や織物、陶器などの装飾模様に頻繁に登場するもので、それらの動物の特徴を、ミニマリスト的にわかりやすく、しかも雄弁に表現している。

祝福用の椀 A bowl of blessings

南西部部族特有の簡潔な線が、ただの椀を優美な美術品に昇華させている。かつてズーニー族が住んでいたニューメキシコ州ホウイックで発見されたもので、1375-1475 年に制作されたもの。中心となっているコンゴウインコあるいはオウムは、おそらく豊穣や夏を象徴しているのだろう。

シカの足跡 Deer tracks

北アメリカ南西部の先住民にとって、シカは、肉は食料に、革は衣服にと、無くてはならない存在であり、それゆえ伝統的に、生活の安定、豊かさ、持続可能性を象徴する。南西部美術では、シカやそれが進んだ方向は、シカ独特の割れたひづめの足跡でシンボル的に表現される。

羽毛のある蛇 Plumed serpents

コロウィシやアヴァンユと呼ばれる大蛇が、北アメリカ南西部の先住民の美術に多く描かれている。それらは概して、波のように体をくねらせ（水を象徴）、頭部には羽冠または角を付けている（多くの場合天空を象徴）。これらの合成蛇は、暴風雨や季節の変化を象徴しているのであろう。

オオカミの足跡 Wolf tracks

南西部に住む先住民にとっては、オオカミは相反する意味を合わせ持つ動物である。それは人間を捕食することもある恐怖の対象である一方で、獲物を捉えるときの方法を学ぶべき尊敬すべき動物でもある。オオカミは、一般にそのイヌ科特有の足跡で表される。

コンゴウインコとオウム Macaw and parrot

コンゴウインコ（上）やオウムを表すとき、三角形を描き、その一方に半円を付け足して鳥の頭と嘴を作り、その反対側を数本の直線にして尾羽にしたモチーフが一般的に用いられる。コンゴウインコやオウムは、太陽、夏、そして繁栄を象徴する。

SYMBOLIC SYSTEMS

アステカのトナルポワリ
The Aztec tonalpohualli

p.11「水」
も参照

アステカ暦日名
Aztec day names

15-16世紀に描かれたボルギア写本には、アステカ暦日名を表すシンボルが描かれている。そのうちの4つを右ページで詳解するが、それらはそれぞれ、頭蓋骨、水の流れ、火打石、犬を表す絵文字で、アステカ暦日名（センポワリ）では、それぞれ、ミキストリ、アトル、テクパトル、イツクイントリという。

メソアメリカでは、1000年以上も前から、さまざまな種類の暦が使われてきたが、なかでも最も重要で、最も広く使われてきたのが、260日暦（アステカではトナルポワリという）である。この260日暦は、20の暦日名の歯車と13の暦日数字の歯車のかみ合わせによって日を特定するもので、とくに占いにおいて重要な意味を有していた。というのも、この20日にはそれぞれ異なったシンボル的属性があり、あるものは吉兆を、あるものは不吉を示し、それゆえ運不運を表すからである。トナルポワリを構成する個々の要素は絵文字で表され（下図は暦日名を表す絵文字）、石の暦や絵文書に残されている。

死 Death

アステカ暦日名の６番目（ミキストリ）「死」は、世界共通の死のシンボルである頭蓋骨で表される。ただしこの絵文字の骸骨は、腐敗した肉がまだ一部付着しているものである。この日に生まれたものは短命と予言される。

水 Water

センポワリの９日目（アトル）は、アステカ人によって水の日と定められた。それを表す絵文字は、ほとばしり出る水の様子をダイナミックに表現している。水は農業、それゆえ人々の生活にとって死活問題であったので、アトルは吉兆の日であった。

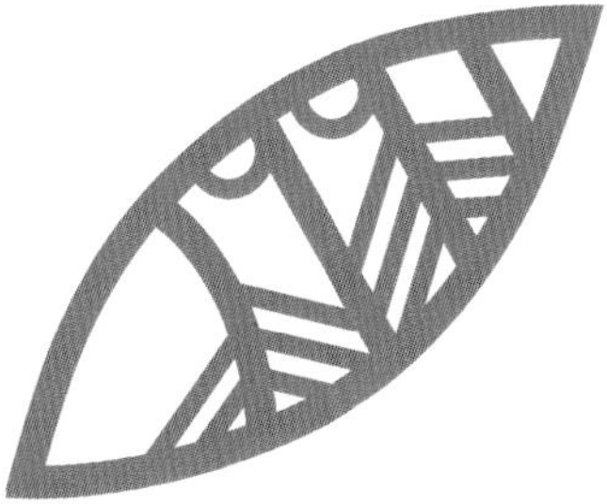

火打石 Flint

アステカ人にとっては、火を起こすことができる硬く鋭い火打ち石は、神格的な物体であった。毎日の生活に欠かせないこの多目的で有用な石は、それゆえアステカ暦日名の 20 番目の日（ショチトル）のシンボルとなった。

犬 Dog

アステカ 20 暦日名の 10 日目であるイツクイントリは、犬によって象徴される。犬類は、人間に対する忠誠心と清掃動物としての役割から、アステカの人々に可愛がられたが、おそらくそれ以上に重要であったのは、犬が、主人を死後の世界へと導くサイコポンプと考えられたからであろう。

はじめに *Introduction*

p.104-5
「ヒンドゥー教のトリムルティ」
p.148-51
「中国の太極のシンボルと八卦トリグラム」
も参照

宗教、社会的理念、位階制、装飾の最高度に完成された体系がアジアで進化した。それらを表現する美術は、地球上のどの地域にも劣らない雄弁さと優雅さを備えている。古代メソポタミア、ヒンドゥー教、仏教、道教、神道の躍動的な多神教の神々や超自然的な動物から、ユダヤ教とイスラム教の一神教までの多様な信仰体系が、精緻を極めた複雑なものから、単純だが深遠なものまでの豊かなシンボルに彩られた美術の中で具現化された。またその一方で日本人は、アイデンティティのための標章を芸術的形態にまで高め(家紋)、中国人は大宇宙から小宇宙に至るさまざまな思想を、非常に簡潔なシンボルを用いて伝える技法を完成させた。

アッシリアの守護獣
Assyrian guardian

合成獣ラマッスが毅然とした姿で前方を凝視している（BC8 世紀、アッシリア、石膏レリーフ）。胴体は牡牛で、それにワシの両翼、人の頭を合成させたラマッスは、邪悪なものを撃退する守護のシンボルとして、力、堂々とした強さ、権威を象徴する。

クールマ Kurma

ヒンドゥー教の神ヴィシュヌの第２の化身で、この神が地上に降臨した時の顕現。クールマとして顕現したヴィシュヌは、腰から上は人間の姿をしているが、腰から下はカメの姿をしている。その方が、神酒ソーマを造るための乳海攪拌に際してマンダラ山を支えるのに適していたからである。

竹の家紋 Bamboo-displaying mon

日本の紋章的徽章である「家紋」は、多くが円（古来からの太陽のシンボルである）の中に、肯定的な意味を持つ植物や動物、品物の形を意匠化して描いたものである。上の家紋の中に描かれている竹は、長寿と回復力の象徴である。

八卦太極のお守り
Tai-chi and pa-kua lucky charm

太極図（タイチー、陰陽図）を八卦が囲んでいる形は、中国古代からの思想である、宇宙は陰と陽の２つの根源的エネルギーの相互作用によって成り立っており、そこから八卦が生ずるという考え方を象徴的に表したものである。これは「五毒」を始めとする邪悪な力から身を守る最も効果的なお守りと考えられている。

ラマッス
Lamassu

古代メソポタミアの城市の門や宮殿の入り口には、牡牛の胴体、ワシの両翼、人間の頭部を合体させた合成獣ラマッスの石像やレリーフが置かれていた。それは強さと超自然的力、そして王権を象徴し、内部の人間を邪悪なものから守護する意味が込められていた。

SACRED

メソポタミアの神々

Mesopotamian deities

p.229
「ドラゴン」
p.165
「ゼウス／ジュピター」
も参照

アジア南西部メソポタミア地方に興隆した、シュメール、バビロニア、アッシリアの各文明は、その高度に発達した（そして相互に関連した）宇宙観を、同様の荘厳で躍動的な様式で表現した。現存するレリーフや彫像、壁画、その他の遺物に刻印されている彼らの宇宙観は、見るものにいまなお新鮮な印象を与える。この集合的幻視を構成する中心的要素には、宇宙と自然の諸力を象徴する神々や、チグリスとユーフラテスの2つの大河に水を満たし、人間の農業技術の知識を守る守護神などがあった。それらの神々は、この地域がいつまでも肥沃で、耕作可能で、高い生産性を維持していくために極めて重要な役割を担っていた。

アッシリアの神々のシンボル

Divine Assyrian symbols

アッシリアの神々を表すさまざまなシンボルが、この威厳のある人物像の頭上を飾っている（アッシリアの石碑）。この人物はアダド・ニラリ３世（BC811-782統治）と考えられている。シンボルの中には、イシュタルの星やマルドゥクのマッル（次ページ参照）が見られる。

イナンナとイシュタル Inanna and Ishtar

八芒星は、シュメールの女神イナンナと、そのバビロニア、アッシリアにおける同等神であり、性愛と戦争の女神であるイシュタルのシンボルである。しばしば頭飾りにもなっているこの八芒星は、夜空で最も強い光を放つ金星を表し、ローマではヴィーナスのシンボルとなる。

マルドゥク Marduk

マルドゥクは暴風雨を起こす力をもった神であるが、それよりも、ティアマトを滅ぼし、天と地と人間を創造したバビロン市の都市神、守護神として崇拝されていた。マルドゥクは先端が三角形になった鍬(マッル)を持っていることが多いが、それはこの神が人間に農業を教えた神であることを象徴している。

ティアマト Tiamat

バビロニア神話『エヌマ・エリシュ』によれば、海水の女神であり、恐るべき太母神であるティアマトは、夫である淡水の神アプスが殺害された後、マルドゥクと戦い、敗れ、地上世界の基礎となった。始原の混沌のシンボルであるティアマトは、獰猛なドラゴンの姿、あるいは蛇に似た合成獣として描かれている。

アダド Adad

メソポタミアの天の神であり、雨と暴風雨をもたらす力を持つ神アダド(イシュクルとしても知られている)は、両端が三つ叉になった武器を振り回している姿で描かれていることが多い。この武器は稲妻を表し、アダドの威光と、この最終兵器を用いて地上を破壊することができる彼の能力を象徴している。

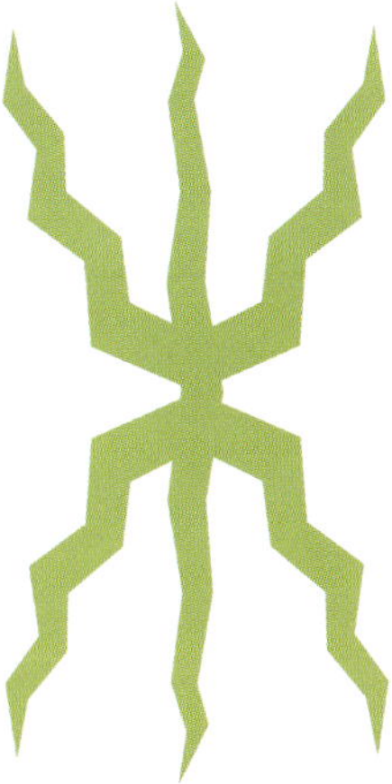

SACRED

ユダヤ教の宗教的シンボル
Jewish sacred symbols

p.103
「メノーラ」
p.195
「セラフィム、ケルビム、ケルブス」
も参照

以下の数ページに紹介しているユダヤ教のシンボルの中には、キリスト教絵画にも見られるものがあるが、それはキリスト教が、「聖典宗教」の同類である（共有されている聖典は『旧約聖書』である）だけでなく、ユダヤ教にくらべ、伝統的に具象表現に比較的寛容だからである。そのため、たとえばモーゼを描いた西洋絵画の中に、モーゼの十戒を記した石板や、モーゼの兄であるアーロン（最初の大祭司）が身につけている荘重な法衣（エフォド）を識別することができる。これらの道具は、モーゼとアーロンを象徴する持物であるというだけでなく、それ自体シンボル的な意味を有している。

モーゼとアーロン
Moses and Aaron

この18世紀の装飾写本には、ユダヤ教のシンボルが多く含まれている。アーロン（左）が身につけているエフォド、モーゼ（右）が抱えている石板。メノーラ（燭台）と契約の箱（聖櫃）も見える。

十戒の石板 Tablets of the Decalogue

十戒の石板は、エジプト脱出に成功したイスラエルの民が神と新たに交わした契約を象徴している。神は自らヘブライ語で2枚の石板に十戒を刻み、それをシナイ山でイスラエルの民の指導者モーゼに授けた。それゆえ、この石板は神の律法をも表している。

エフォド Ephod

エフォドとは、古代のユダヤ教の大祭司が身に着けていた法衣のこと。なかでも最も印象的でシンボル的なものが、その胸当てである。そこにはイスラエルの12の部族の名前を刻んだ宝石が並べて縫い止められている。それゆえこの胸当ては、「イスラエルの子」を象徴する。

契約の箱
Ark of the Covenant

エルサレムの第一神殿が破壊されたのち行方不明になっている契約の箱（聖櫃といわれることもある）は、神の顕現を象徴する宗教的シンボルである。それは木の箱を純金で覆ったもので、内部に十戒の石板（2回目の石板全部と最初の石板の断片）を納め、蓋の上には2体のケルブが跪いている。

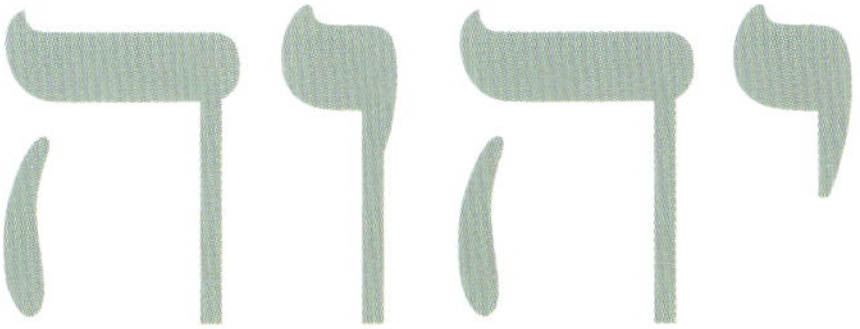

テトラグラマトン（神聖4文字）
Tetragrammaton

このヘブライ語の4つの子音文字――アルファベットのY、H、W、Hに当たる――を、非ユダヤ教徒はヤハウェまたはエホバと発音するが、ユダヤ教徒自身は畏れ多くて口に出すことができず、ただハッシェーム（「御名」）というだけである。これはすなわち神を表す文字である。このテトラグラマトンと呼ばれるシンボルは、護符の中心に書かれている。

SACRED

ユダヤ教の宗教的シンボル
Jewish sacred symbols

p.115「法螺貝」
p.23「聖典」
も参照

「あなたはいかなる像も造ってはならない。上は天にあり、下は地にあり、また地の下の水の中にある、いかなるものの形も造ってはならない。」(『旧約聖書・出エジプト記』第20章4節)神はモーゼにこのように命令したが、この禁則はユダヤ教美術において厳然と守られている。このためユダヤ教美術においては、生き物の具象的な形態はほとんど描かれないが、その一方でカバラ文書には、神秘的な概念を表象するさまざまなシンボルがぎっしりと描かれている。ここにそのようなシンボルをいくつか紹介する。その1つであるダビデの星は、一見してユダヤ教を連想させるシンボルであり、それゆえユダヤ人の第1のアイデンティティ・シンボルとなり、当然のことながら、イスラエル国旗の中心に描かれている。

聖なるカンデラブルム
Sacred candelabrum

ヘブライ語写本のためにジョゼフ・アサルファティが描いた華麗なメノーラ（スペイン、1299)。黄金の枝付き燭台（カンデラブルム）は、かつてのエルサレム神殿で絶えることなくオリーブ油が注がれ、火が灯されていたものであった。ここでは油は、2本のオリーブの樹から直接3鉢の椀へ、そして7つの燭台へと流れている。

ショーファール Shofar

牡羊の角をくりぬいた角笛ショーファールは、ローシュ・ハッシャーナー（ユダヤ暦の新年祭）やヨム・キプール（贖罪の日）、聖なる審判の日に吹き鳴らされる儀式用の笛である。これらの日はさまざまな形で霊的覚醒、後悔、祝賀を象徴する。ショーファールはまた、アブラハムが息子イサクの代わりに生贄として神に捧げた子羊を象徴する。

ダビデの星 Star of David

ダビデの星（「ソロモンの紋章」）は、上向きと下向きの正三角形を２つ組み合わせた形で、六芒星の１つである。このマーゲン・ダビデ（ダビデの盾）には防御的な力があると信じられており、神の救済の盾（ダビデ王が書いたと言われている『旧約聖書詩編』の第 18 章 35 節で述べられている）と同一視されている。

セーフェル・トーラ Sefer Torah

２本の巻芯の間にヘブライ文字で書かれた文書が開かれている図柄が、ユダヤ教美術で重要な意味を持つ「セーフェル・トーラ（トーラの巻物）」である。トーラとは『旧約聖書』の最初の５書のことで、『モーゼの５書』ともいわれる。それゆえこのシンボルは、神の言葉を象徴する。

メノーラ Menorah

７つの枝を持つ燭台メノーラは、ユダヤ教では、明かりと数字の７にまつわる多くの教義的意味を包含している。その７つの炎は全体として精神的啓蒙と神の叡智を象徴し、７つの枝は、一例をあげれば天地創造の７日間を暗示する。

SACRED

ヒンドゥー教のトリムルティ
The Hindu Trimurti

p.13 **「トリムルティ」**
p.97 **「クールマ」**
も参照

ヒンドゥー教で最高位の神は、集合的にトリムルティ（サンスクリット語で「3つの形を持つ」を意味する）と呼ばれる、ブラフマン、ヴィシュヌ、シヴァの3体である。トリムルティという時、個々の神が表す意味は相互に関連し合い、「創造神」（ブラフマン）、「維持神」（ヴィシュヌ）、「破壊神」（シヴァ）の3体で神聖なる宇宙の均衡が維持され、万物の存在が支えられているということが象徴される。ブラフマンはどちらかといえば抽象的な存在で、調和のとれた神であるが、それでも具象的な形で表されている。これに対してヴィシュヌとシヴァは絵画や彫刻で好んで取り上げられる神で、さまざまな属性が強調されて多様な姿で描かれている。特にヴィシュヌは9つのアヴァタール（化身）を持っており、さらに未来のある時、10番目の化身が出現すると予言されている。

ヴィシュヌ・ヴィシュヴァルーパー
Vishnu Visvarupa

ジャイプルに保存されているこの19世紀の絵画では、ヴィシュヌは青い肌をしたヴィシュヌ・ヴィシュヴァルーパー（「宇宙の形をしたヴィシュヌ」の意味）として描かれている。彼の4つの手は、伝統的な彼の持物である（左下から時計回りに）メイス（鎚矛）、円盤、法螺貝、蓮華の花を手にしている。

ブラフマン Brahma

宇宙の創造的エネルギーを表す神であるブラフマンは、すべて別の方向を向いた４つの頭（冠を戴いていることが多い）で表されることがあるが、その４つの顔は、４つの時代（ユガという）と、最も重要な４つの聖典ヴェーダを象徴しているといわれている。ブラフマンのヴァハナ（乗り物）であるハムサ（白鳥またはアヒル）は、知性の象徴である。

ヴィシュヌ Vishnu

維持神ヴィシュヌは、４つの持物を持って描かれることが多い。法螺貝（戦闘の合図）、メイス（鎚矛、武器であり、権威と知識のシンボルでもある）、蓮華の花（天地創造を意味する）、円盤または車輪（チャクラ、武器であり太陽のシンボル）である。

クリシュナ Krishna

ヴィシュヌの８番目の化身がクリシュナである。その時彼は、全身人間の姿をしている（ただし天空に住む存在であることを象徴して青い肌をしている）。クリシュナの最もよく知られている姿は、横笛（男根のシンボル）を吹く美青年としてであるが、彼が奏でる妙なる調べはあらゆるものを魅了し、とくに牛飼いの乙女を誘惑する時に大きな威力を発揮する。

シヴァ Shiva

ヒンドゥー教美術では、シヴァは多くの特徴を持った神として描かれるが（第三の目や、三日月の髪飾りなど）、それらはすべてシンボル的な意味を持っている。破壊神であるシヴァの最大の特徴は、手にしている先端が三つ又になった槍（サンスクリッド語でトリシュラ）である。彼がトリシュラを投擲すると、それは壊滅的な破壊力を見せる。

ヒンドゥー教の人気のある神々

Popular Hindu deities

p.123「第３の目」
p.140「蓮華チャクラ」
も参照

ヒンドゥー教には、女神を含めて多くの神々が存在し、そのいずれもが強い個性で人々の信仰心を呼び起こし、絵画や彫刻の中で親しみやすい姿で描かれている。それらの神々が登場するシーンの多くは、人々に愛され語り継がれてきた神話に題材を取ったものである。たとえば完全武装した女神ドゥルガ（太母神デヴィの化身で、カーリーはもう１つの激怒した時の化身）が、大きなトラの背にまたがって、水牛の悪魔であるマヒシャを倒す場面など。また幸運の女神ラクシュミや富と繁栄の神ガネーシャなどの神々の図像は、それほど入念ではないが同様に美しい蓮華のシンボルや、あまり高価ではないその他の神々の肖像画と共に、家庭や職場に飾られることが多い。

激怒するカーリー Wrathful Kali

２本の右手と舌を血で真っ赤に染めた激怒する破壊神カーリー（インド、19世紀）。上の左手には剣を持ち、下の左手は刎ねた首を掴んでいる。シヴァのシャクティ（彼の女性的エネルギーの顕現、神妃）の化身の１つであるカーリーは、シヴァとの関係を示す第３の目を有している。

ドゥルガ Durga

デヴィの美しいが攻撃的な側面の顕現である女神ドゥルガは、壮絶な戦いの果て、水牛の悪魔マヒシャを討伐した。こうして彼女は、ライオンやトラ（彼女の獰猛なエネルギーを象徴する）にまたがり、彼女を創造した男神たちから借りた武器（それゆえ力）を振り回す姿で描かれる。

カーリー Kali

デヴィが激怒した時の顕現である黒い肌のカーリーは、墓地に住む死の女神である。血に飢えて武器を振り回すこの「黒き者」は、血の滴る舌を突き出し、頭蓋骨で作った胸飾りを付け、切り取った何本もの腕を腰ひものように垂らした姿で描かれる。すべてが彼女がもたらす死のシンボルである。

ラクシュミ Lakshmi

ヴィシュヌの神妃であるラクシュミは、美しく、善意にあふれ、慈悲深く、誠実な、完璧な妻を具現化している。幸運の女神である彼女の象徴は、完璧な姿の花弁(女性の生殖能力のシンボル)で、ディーワーリーの期間ラクシュミを礼賛するために、蓮華の花をシンボル的に模様化したランゴリが家庭の土間などに描かれる。

ガネーシャ Ganesh

シヴァの息子であるガネーシャ（その額にはシヴァの持物である三つ叉が刻まれている）は、そのゾウの頭ですぐに識別できるが、ゾウは彼の叡智を象徴している。ガネーシャの牙は１本しかないが、もう１本はマハーバーラタを書くためのペンとして自ら折ったと伝えられている。彼の乗り物であるネズミは、障害物を除去する能力を象徴している。

SACRED

仏陀と菩薩
The Buddha & bodhisattvas

p.115「八輻《はちや》の車輪」
p.27「菩薩」
も参照

仏陀は元来、反偶像主義的な方法(人間の形ではなく、シンボルの形で)で象徴化されていたが、彼の人間的な伝説の力が強く――またおそらくヒンドゥー教の具象的な表現の影響を受け――、徐々に１人の男性として描かれるようになった。人間の姿で描かれるとき、仏陀は、王子として過ごすゴータマ・シッダールタ、迷える苦行者サドゥー、そして「悟りを開いた者」仏陀の姿で描かれる。最後に仏陀となったとき、彼の体は、人間を超越した存在であることを示す32の相(ラクシャナ)を顕示している。また彼の手印(ムドラ)、姿勢(アサナ)なども、すべて象徴的な意味を有している。慈悲深い菩薩もまた、同様の姿で描かれる。

悟りを開いた者
Enlightened One

世界の統治者として描かれている仏陀が、ブフーミスパルシャ・ムドラの手印を示している(チベット、18世紀)。「法輪」を表す八輻《はちや》(スポーク)の車輪、ダルマ・チャクラが、仏陀の蓮華の玉座(蓮華座)の中央に描かれている。

仏 陀 Buddha

多くの場合仏陀の姿は、32 の身体的象徴(ラクシャナ) のいくつかを顕示していることによって識別できるが、それらは『ラクシャナ・スートラ』に羅列されている。世界を見通す洞察力の象徴である眉毛の間のウルナ(白毫、毛の生えたほくろ)、叡智を象徴するターバンの形にまいた頭髪とその上に載っている瘤型の隆起(肉髻、にくけい)などが代表的なものである。

ムドラ Mudras

ヒンドゥー教と仏教の両方の伝統的美術でよく目にする象徴的な手の形を、ムドラ(サンスクリッド語で「印」の意味)という。何百というムドラがあるが、仏陀が組むムドラは数えるほどしかない。そのうちの 1 つ、ブフーミスパルシャ・ムドラ(「地に触れるムドラ」)は、右手先を伸ばして地面に触れた形をしているが、それは仏陀が悟りを開いた瞬間を象徴している。

アサナ Asanas

ヒンドゥー教と仏教の神々は、さまざまなアサナ(伝統的なヨガの姿勢)で描かれるが、その中で最もよく知られているのが、「蓮華座」パドマサナである。それは蓮華の玉座を表し、蓮華のシンボル体系の 1 つである。また入滅した仏陀は、横になった姿で描かれるが、それはパリニルヴァーナアサナ(頭北面西右脇臥)と呼ばれる。

観音菩薩(アヴァローキシュテーシュヴァラ) Bodhisattva Avalokiteshvara

ボディサットヴァ(菩薩)とは「悟りを本質とする者」という意味で、仏陀の弟子として人間を救済するために活動する者をさす。菩薩は現世的な存在であることから、きらびやかな衣装を身につけ、優美なアサナをした姿で描かれることが多い。慈悲の菩薩である観音菩薩は、しばしば 11 面の姿(徳を表す)で描かれ、頭上には阿弥陀如来の化仏を戴いている。

SACRED

仏教のさまざまなシンボル
Buddhist symbols

p.114「仏陀の足跡」
p.119「ヴァジュラヤクシャ（金剛夜叉明王）」
も参照

仏陀は当初、反偶像主義的な方法、すなわち、具体的な人間の形としてではなく、シンボルを通して描かれることが多かった。現在よく目にする仏陀の姿が偶像主義的な仏教美術に現れるずっと以前には、仏足跡(ブッダパダ)や火炎柱をはじめとする種々のシンボルが、ゴータマ・シッダールタを表すために用いられた。スヴァスティカ（ヒンドゥー教のヴィシュヌとシヴァに関係しているシンボルでもある）やヴァジュラ(金剛杵：密教のシンボルとなるずっと以前からヴェーダの神インドラの持物であった）などの仏教的シンボルは、はるか昔からインド亜大陸に伝えられてきた宗教的伝統から「借用」し、それに深遠な仏教的意味を吹き込んで再生させたものである。

シンボル化されたヴァジュラ
Stylised vajra

両端が三つ又になった金剛杵を2個交差させて組み合わせたヴァジュラの1種（金銅製、日本、13-14世紀）。密教（ヴァジュラヤーナ、金剛乗）の儀式的な仏具であり、シンボルである。いろいろな形がある。

ブッダパダ Buddhapada

最初のブッダパダ（仏陀の足跡）は、仏陀がクシナガルのある石の上に立ったときに出来たと伝えられている。この仏足跡は他のシンボルと組み合わせて表されることが多い。特にダルマ・チャクラ(p.115参照）を刻んだものが多く、仏陀の足跡について行けば悟りに達することができるという意味を伝えている。

火　炎 Flames

火炎は集中化されたエネルギーを表す。それはすべてを焼き尽くし破壊する一方で、善のために世界を照らす力ともなる。仏陀の顕現が火炎柱として表わされることもあり、また仏教の神々やシンボルが、火炎を背景に描かれることも多い。火炎は神性を象徴すると同時に、霊的力の純化、悟りを象徴する。

スヴァスティカ Swastika

十字の端を鉤型に曲げ、時計方向に回転する動きを持たせた形がスヴァスティカである。元々は古代インドの太陽と幸運のシンボル（反時計回りのものは、サウヴァスティカ「不運」を意味する）であったが、仏教美術では仏陀の心臓（そして心）を表すシンボルとなった。

ヴァジュラ Vajra

仏教徒が崇拝するさまざまな仏の姿に、ヴァジュラ（「雷光」または「金剛」の意味）──片方だけが槍の形のもの、両端がそうなっているもの、また刃先が二又のもの、三つ又のものなど多くの種類がある──を手にしているものが多い。それは仏教における法（ダルマ）の至高の権威、揺るぎのなさ、啓発的な力を象徴する。

SACRED

仏教の八吉祥シンボル
Buddhism's Eight Auspicious Symbols

p.109「**アサナ**」
p.123「**蓮華**」
も参照

八宝や八吉祥（サンスクリッド語ではアシュタマンガラ、チベット語ではタシ・タギェ）と呼ばれる仏教の８つの吉兆のシンボルは、宝傘、２匹の金魚、宝壺、蓮華、法螺貝、宝結び、勝利の旗(または天蓋)、八輻の車輪からなる。最初の４つについては次ページで、後の４つについては p.115 で詳しく見ていく。

仏教における花 Flower of Buddhism

白蓮華の花のうてな(台)に載る仏陀(磁器、18 世紀)。蓮華は、アジアでは多くの深い意味を持つシンボルである。仏教では、悟り、仏陀自身、阿弥陀如来などを暗示する。

宝 傘 Parasol

召使いたちによって支えられ、身分の高い人物を日差しや雨から守る傘蓋は、社会的地位の高さを象徴するシンボルである。傘の機能的意味はさらに高められ、天と地球の関係を暗示するものとなった。こうして傘は、霊的な力のシンボルとなった。

2匹の金魚 Two golden fish

金魚が1匹の場合は、富裕を表すことが多いが、2匹の向かいあう金魚は、多産（2匹で無数の卵を産むことから）を表す。それゆえ2匹の金魚（スヴァルナマツヤ）は、豊穣と吉祥を象徴する。魚はまた、現世の因縁や心配事からの自由を象徴する。

宝 壺 Treasure vase

宝壺（カラシャ）のシンボル的意味は、壺自体と、その内容物の両方に込められている。壺は人間の体にたとえられ（とくに蓋つきの場合）、その中に入っている宝物は、精神的豊かさと仏陀の愛を象徴する。

蓮 華 Lotus

アジアの宗教の多くで尊い花として崇められている（花の気高さとそれが育つ泥土との対比を通じて）白蓮華（パドマ）は、八吉祥においては、精神的な純粋性と悟りを意味する。それはまた、仏陀自身と、仏法を象徴する。

SACRED

仏教の八吉祥シンボル
Buddhism's Eight Auspicious Symbols

p.111「ブッダパダ」
p.113「宝傘」
も参照

八吉祥の全体的意味は、それらが最初仏陀の足の裏に揃って顕現したという古くからの伝説の中にある。そのため、八吉祥のすべてを仏陀の足の裏（ブッダパダ）に描いた絵図やレリーフが多く見られる。この8つのシンボルは、しばしば仏教寺院の建具や祈りの旗の模様として、また中国の陶器やほうろう鉄器などの装飾模様として用いられている。これらのシンボルは個々に表されることも多い（特に八輻の車輪）が、幸運をもたらし、不運を遠ざける八吉祥の力が真に発揮されるのは、それが揃って顕現し八重奏を奏でるときであると考えられている。

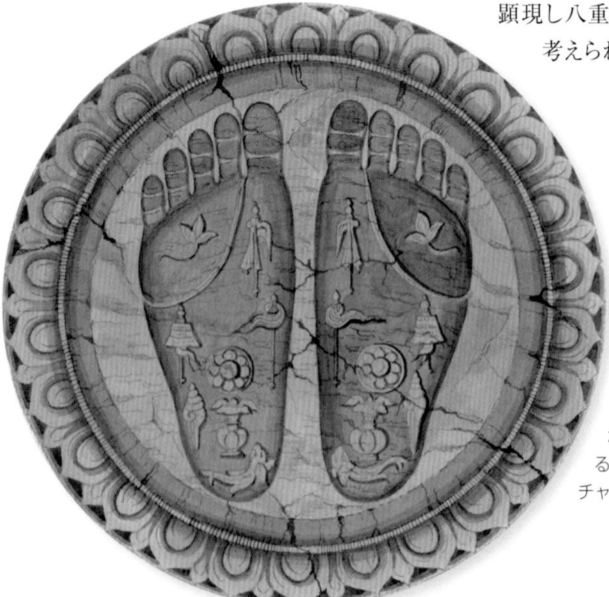

仏足跡
Buddha's footprints

19世紀半ばにネパールを訪れたH･A･オールドフィールド博士が模写した仏陀の足跡（ブッダパダ）（紙に水彩）。左右の足裏に対象になるように八吉祥が描かれている。その中心にあるのが、蓮華チャクラ（八輻の車輪）である。

法螺貝 Conch shell

法螺貝は習熟した者が吹くと良く響く大きな音響を発するため、アジアでは古くから、人々を集会や儀式に召集する道具として重宝されてきた。八吉祥の1つとしての法螺貝（シャンカ）は、仏陀の声とその教えの浸透を象徴する。

宝結び（終わりのない結び） Endless knot

この終わりのない結び（シュリヴァスタ）のシンボルの起源はあまりはっきりしていない。2匹の蛇が絡みあっている姿を表しているというものもあれば、内臓の腸を表したものというものもある。しかしその意味は明らかである。それは、長寿、宇宙に存在する万物の相互依存的関係、仏陀の無限の知恵を象徴する。

勝利の旗（または天蓋） Victory banner

勝利の旗（ダバジャ）は、無知と悪の力に対する仏教の勝利の象徴である。勝利の旗ではなく天蓋となった場合は、宝傘と同じく守護（この場合は仏法によるもの）と力を象徴する。

八輻（はちや）の車輪 Eight-spoked wheel

仏陀と仏教のシンボルの中で最も重要なものの1つが、この八輻の車輪（ダルマ・チャクラ）である。仏陀は、最初の説教を始めることによって、この「法の車輪」を回転させ始めた（初転法輪）と伝えられている。その8本のスポーク（八輻）は、仏教における八正道を表している。

仏教の七宝
Buddhism's Seven Treasures

p.51「ゾウ」
p.145「午」
も参照

インドには、宇宙にはチャクラヴァルティン(「車輪を回す者」)と呼ばれる完全なる王が存在するという神話が古くから伝えられているが、その後その王とは仏陀のことであり、彼が「法の車輪」(ダルマ・チャクラ)を回しているとされた。チャクラヴァルティンは「七宝」または「王権の7つの宝石(サンスクリッド語でサプタラトナという)」を持っていた。そのうちの4つが次ページに紹介する、白象宝、紺馬宝、神珠宝、王女宝であり、残りの3つが、金輪宝(武器)、主蔵宝(資産家)、主兵宝(将軍)である。理想的な統治者であることを象徴するこの7つのシンボルは、チャクラヴァルティンを取り囲むようにして描かれることもあれば、仏教絵画の装飾的要素として描かれることもある。

仏教徒の宝物
Buddhist jewel

威厳のある堂々とした姿のゾウは、アジアで最も尊敬される動物であり、精神的威光と現世的な力の両方を象徴する。巨体にさまざまな仏の姿や人物を描いた、この想像力を喚起するゾウは、ゾウと仏教とのシンボル的なつながりを強調している(タイ、1850)。

白象宝 Elephant

時に煌めく宝石を背中に載せて運んでいる姿で描かれることのあるゾウは、アジアでは、智慧、忍耐、強さ、王権を連想させる。マヤ王妃は、ゴータマ・シッダールタを身ごもる前にゾウの夢を見たと伝えられ、そこからゾウは仏陀の象徴とみなされるようになった。

紺馬宝 Horse

身分の高い人々の乗り物であるウマは、その速さと持久力でアジアでは広く尊敬されている。仏陀が悟りを求めて王宮を出ることを決意したとき、愛馬カンタカは、蹄の音で見張りに気づかれることがないように地面を踏まなかったという伝説から、仏陀とウマの深いつながりが生まれた。

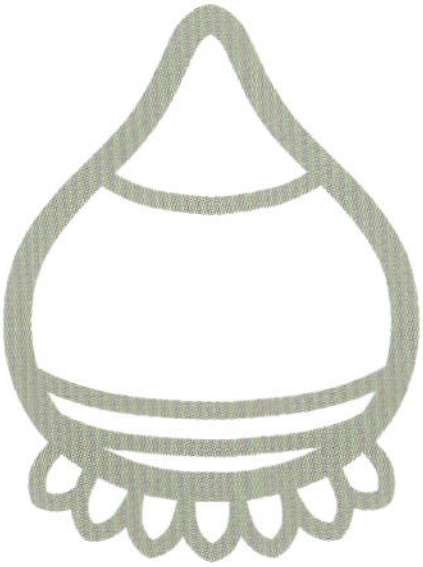

神珠宝 Light-giving jewel

煌めく宝石または願いをかなえる宝石——卵型または涙型の光沢のある真珠を金で縁取ったものが多い——は、金で購うことのできない先見の明あるいは悟りへと至る天賦の才を表す。それゆえそれは、仏教がもたらす洞察、理解、精神的豊かさを象徴する。

王女宝 Queen

王妃(または乙女)は、チャクラヴァルティンの理想の配偶者を象徴し、女性の美しさと徳を最高に体現した者として現れる。後に仏陀となるゴータマ・シッダールタの生母は、まさにそのような王妃であった(マヤ王妃は右脇腹から彼を産み落とし、それから至福の7日間を過ごしたのち没した)。

SACRED

仏教の五大明王
Buddhism's Five Kings of Mystical Knowledge

五大明王または五大尊は、五智如来が衆生を救済するために忿怒の形相をして顕現(教令輪身という) したものである。いずれも武器を振りかざし、すべてを焼き尽くす火炎を背にして、劣情、無知などの現世のあらゆる悪と戦う。特にチベットと日本で尊崇され、集合的にサンスクリット語ではヴィドヤーラージャ、日本では明王と呼ばれる。個々に信仰されることもあれば、五体合わせて信仰されることもある。また美術でも、個々に表される(彫像が多い) 場合と、集合的に表される場合がある。後者ではマンダラ(シンボル的な同心円) の形式で表されることが多く、その場合それぞれの明王は、特別な宇宙的意味を有している。

ヤマンタカ(大威徳明王)
Yamantaka or Daiitoku Myo-O

「死をつかさどる者」ヤマンタカは、チベットでは、黒い水牛の頭部をした死神ヤマ (閻魔) を倒すものとして崇拝され、水牛の頭部で、あるいは白い水牛にまたがった姿で描かれることが多い。日本では大威徳明王と呼ばれ、阿弥陀如来または文殊菩薩の教令輪身であり、西方の守護神である。

死をつかさどる者
Death's terminator

この18世紀に描かれたチベットのタンカ(仏画)の中心には、黒い顔をした忿怒の形相のヤマンタカが描かれている。ここでは彼は9つの顔、34本の腕、16本の脚を持ち、角のある水牛にまたがっている。そのまわりを、すべてを焼き尽くす火炎が覆っている。

アチャラナータ（不動明王）
Acalanatha or Fudo Myo-O

大日如来の忿怒の教令輪身であるアチャラナータ（不動明王）は、マンダラの中央に位置する。その右手には衆生の強欲、怒り、無知を征服する蛇の巻きついた剣を持ち、左手には邪悪な力を縛り動けなくする縄を握っている。

トライローキャヴィジャヤ（降三世明王）
Trailokyavijaya or Gozanze Myo-O

「三界の支配者」を意味するトライローキャヴィジャヤは、日本では降三世明王と呼ばれ、阿しゅく仏の教令輪身であり、東の守護神である。多くの手に武器を携え、シヴァとパールヴァティを踏みつけている姿で描かれることが多い。正面の2本の手で、この明王独特のムドラ（手印）である降三世印を結んでいる。

クンダリ（軍荼利明王）
Kundali or Gundari Myo-O

五智如来のうちのラトナサンバヴァ（宝生如来）の教令輪身であるクンダリは、日本では軍荼利明王と呼ばれ、南の守護神である。図像化されることの少ない明王であるが、識別するための持物は強毒の蛇で、彼の手首や腕、足首のあちらこちらに巻きついている。

ヴァジュラヤクシャ（金剛夜叉明王）
Vajrayaksha or Kongoyasha Myo-O

北の守護神であるヴァジュラヤクシャは、不空成就如来の教令輪身であり、日本では金剛夜叉明王と呼ばれている。右手の１つに５叉のヴァジュラを振り上げ、それに対応する左手に金剛鈴を持つ姿で描かれることが多い（それぞれが男性と女性のシンボルであり、合わせて普遍的な力を持つことが示唆されている）。

SACRED

仏教の四天王
Buddhism's Four Heavenly Kings

p.133「**毘沙門天**」
p.159「**龍**」
も参照

古くから仏教では、宇宙（須弥山）は、四守護神（サンスクリッド語でロカパラ）または四天王が四州の１つずつを守護し、邪悪なものから守っていると考えられてきた。四州は、当然のことながら４つの方位（そして四季）と関係し、各守護神はそれぞれ固有の武器を保持して悪の力を追い払う。四天王は、ストゥーパ(仏舎利塔）や仏壇、さらにはマンダラの周囲に４方位を向いて配置されることが多い。中国で描かれたものの方が、インドのものよりも顔つきが柔和である。次ページに掲載したそれぞれの天王のイラストは、中国のものを基に描いたものである。

東方の守護神
King of the east

四天王の名前と姿は、仏教の伝統の違いによって、各国でまちまちである。左はチベット仏教の東方の守護神であるドリタラーシュトラで、ここでは楽器を奏でている（ラカン・カルポ寺院、リタン、チベット）。

ヴァイシュラヴァナ（毘沙門天）
Vaishravana or Mo-li Shou

「広く聞く者」を意味するヴァイシュラヴァナは、日本では毘沙門天または多聞天、中国では魔利寿と呼ばれている。四天王のうち、単独で信仰される唯一のものである。北と冬の守護神で、腕に凶暴な龍と真珠（富を象徴する）を抱いていることが多い。

ヴィルーダカ（増長天）
Virudhaka or Mo-li Hong

「王国を拡張させる者」を意味するヴィルーダカは、南と夏の守護神で、中国では魔利海と呼ばれ、傘を手にしている。彼が傘を開くと、この「混沌の傘」は宇宙を暗闇の中に落下させ、それを下に向けると地震や暴風雨を惹き起す。

ドリタラーシュトラ（持国天）
Dhrtarashtra or Mo-li Qing

東と春の守護神であるドリタラーシュトラ（「法の王国を維持する者」）は、中国では魔利青と呼ばれ、四天王の中で最年長である。彼が手にしている剣を振ると、破壊的な黒い風が吹き、その後、すべてを焼き尽くす火炎と煙が世界を覆うと言われている。

ヴィルーパークシャ（広目天）
Virupaksha or Mo-li Hai

西と秋の守護神であるヴィルーパークシャ（「王国を見渡す者」）は、中国では魔利紅、日本では広目天と呼ばれる。中国の絵画では、魔利紅は４本弦の琵琶を抱いていることが多く、彼がそれを奏でると、敵の陣地は猛火に包まれ、全滅すると言われている。

アジアの宗教の“境界を越えた”シンボル
Sacred Asian ‘crossover’ symbols

p.105「クリシュナ」
p.109「仏陀」
も参照

アジアの宗教美術には、宗教の“境界を越えて”広く共有されているシンボルが多く存在する。特にヒンドゥー教と仏教の間では顕著である。たとえば仏教は、ヒンドゥー教の神々に関係する持物や属性を多く採用し、同様の概念（仏教的な意味を補足して）を伝えている。よく目にするものとしては、神々または諸仏の超越した力を象徴する何対もの手、額の中央に見られる第三の目あるいは目によく似たしるし、聖音オムを表すサンスクリッド語の絵文字、優美な蓮華などがある。

バナスラと戦うクリシュナ
Krishna battles Banasura
ヒンドゥー教の神話のうち、1000本の腕を持つアスラ（悪魔）のバナスラが、クリシュナに討伐されている様子を叙事詩的に描いたもの（グワッシュ、ネパール、1795）。どちらも多くの手にさまざまな武器を持って戦っている。

何対もの手 Multiple arms

ヒンドゥー教の神々や仏教の如来、菩薩のなかには、何対もの手を持って表されているものが多いが、それは彼らが超越した神聖な存在であることを示す普遍的なシンボルである。手に握られている象徴的な持物、あるいは組まれている手印（ムドラ）は、神々や諸仏の特殊な力や属性を追加的に表現している。

第三の目 Third eye

仏教の如来や菩薩の図像では、その多くの掌に目を持つものが少なくないが、最もよく目にするのが、通常の目と目の間、あるいはその少し上に“第三の目”を持つ仏像である。霊視能力のシンボルであるヒンズー教の火炎のような第三の目は、シヴァの主要な属性の１つである。

オ　ム Om

上の絵文字は、古くからインドに伝わる聖なる音オム（オウム）を表すサンスクリッド語の文字をシンボル化したものである。オムという音には神聖なる響きがあると信じられており、ヒンドゥー教では、ブラフマン（創造)、ヴィシュヌ（維持)、シヴァ（破壊)の三神一体の宇宙的力を象徴する。

蓮　華 Lotus

八吉祥の１つである蓮華は、仏教ではさらに特別な意味を持っている。すなわち蓮華は、泥土の中から自らの意志で水面に花を咲かせると信じられていることから、仏性の起源の象徴となっている。ヒンドゥー教では、蓮華は女性原理の聖なる象徴で、宇宙的子宮、創造のシンボルである。

SACRED

道教の人気のある仙人とシンボル
Popular Taoist figures & symbols

p.131
「福禄寿」
p.126-9
「道教の八仙人」
も参照

書画や彩色磁器をはじめとする中国の伝統美術には、道教に起源を有する場面やシンボルが数多く描かれている。老子によって確立された哲学である道教は、その後数世紀を経る中で、ある種の宗教的色彩を帯びていった。なかでも特筆すべきは、八仙人をはじめとするユニークな仙人たちで、彼らはいまでも人々の信仰の対象となっている。人気のある仙人にはその他、老子自身や、伝説の女仙人西王母などがあり、また桃や霊芝などの植物も、不老不死のシンボルとして多く描かれている。

不老不死の果実
Fruit of immortality

繊細な筆遣いと絶妙な彩色で、たわわに実る桃が手でちぎれるほどに生き生きと描かれている（彩色磁器碗、清朝擁正帝時代、1723-1735）。中国の人々にとって桃は、道教の不老不死と再生のシンボルである。

老　子 Lao-tzu

常に老人の姿で描かれる（彼は生れたときからすでに白髪だったと伝えられている）老子の持物で有名なものは、S字型の霊寿杖（長寿と成就のシンボル）と、それに結わえつけられた『老子道徳経』を著した経巻である。また老子を示す最も象徴的な持物は、彼がまたがる水牛である。

西王母 Hsi Wang Mu

高貴な顔立ちの威厳のあるたたずまいをした女王に２人の女従者（１人は扇子を持ち、もう１人は桃を抱えている）が付き添っている絵があれば、不老不死の女仙人である西王母の絵と考えていいだろう。その他、彼女を表す持物としては、長寿と神の使いのシンボルである白鶴がある。

桃 Peach

中国の人々が不老不死と再生のシンボルとして真っ先に思い浮かべるのが、西王母の宮殿の庭に実る桃（桃という漢字には「結婚」という意味もある）である。その桃の樹は、3000年に１度しか実をつけないが、その果肉には永遠なる生命の精髄が含まれているといわれている。

不老不死の植物 Plant of immortality

中国絵画で、雲に似た形に様式化されていることが多いが、伝説の不老不死の植物として描かれているのがサルノコシカケ（*Polyporus lucidus*）である。それを食べると不老不死が得られるといわれているこの聖なる茸、霊芝は、道教の仙人に共通する持物である。

道教の八仙人 *Taoism's Eight Immortals*

p.125「西王母」
も参照

道教の八仙人と彼らのシンボル（持物）は、古くから中国美術、とくに彩色磁器の主題として頻繁に描かれてきた。中国では古来8という数字は吉祥の数字であり、完全性のシンボルである。八仙人の場合、8という尊い数字は変わらないが、8人の内訳が変わることもあった。しかし以下のページで紹介する八仙人(6人が男性、2人が女性）は、数世紀にわたって長く人々の信仰を集めてきた仙人たちである。伝説によると、彼らは最初はみな普通の人間であったが、道教を極めることによって仙人になった。

八仙人の図
The Eight Immortals

エドワード・T・C・ウェルナーによって描かれた、自身の著書『中国の神話と伝説』のための挿絵。7仙人は小舟で海を渡っているが、あとの1人張果老だけは、ロバの背にまたがっている。頭上に舞う白鶴は、長寿のシンボルである。

李鉄拐《りてっかい》 Li T'ieh-kuai

鉄の松葉杖（彼が歩行困難であることを示す）に寄り掛かるようにして立ち、中国の人々が昔水筒代わりに使っていた瓢箪を抱えているのが、李鉄拐である。その瓢箪の中には、天と地の統一を象徴する煙が封入されている。

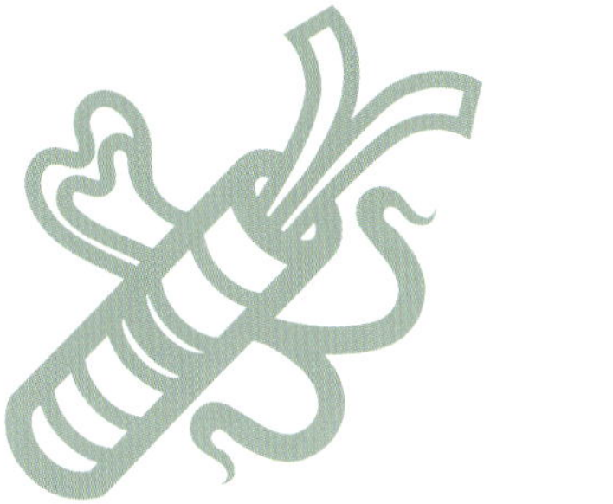

張果老《ちょうかろう》 Chang Kuo

張果老が手に握っている持物は、西洋人には判りにくいものである。それは実は楽器の一種で、竹をくり抜いてあり、そこに挿しこんである２本のバチで、その竹を太鼓のように叩き音を出すもの（魚鼓という）である。彼はまた、よくロバの背にまたがっている。

呂洞賓《ろどうひん》 Lu Tung-pin

中国の理髪師の守護仙人である呂洞賓の１番目の持物は、両刃の剣で、２番目がハエ払いである。その剣を背中に紐で固定させた姿で描かれることが多いが、それは普通の剣ではなく、邪鬼を追い払うことのできる魔法の剣である。

藍采和《らんざわ》 Lan Ts'ai-ho

花でいっぱいの籠を抱えている（そのため彼女は中国の生花店の守護仙人となっている）のが、女仙人の１人、藍采和である。八仙人の中で彼女を特定するもう１つの目印は、片方にしか靴を履いていないということである。

道教の八仙人 *Taoism's Eight Immortals*

p.105「クリシュナ」
p.107「ラクシュミ」
も参照

八仙人を、まだ仙人になる前の普通の男女の姿で表すとき、その多くが山紫水明の地を背景に描かれるが、それは道教の教え、すなわち長寿——そして不老不死——は、自然の諸力との調和を通して、言い換えるなら、人間社会から離れた山峡の地で静かに熟考することによって得られるという教えに基づいているからである。また、仙人(神仙ともいう)は東方の海(渤海)に浮かぶ三神山(瀛州、方丈、蓬莱の3山)に住むと伝えられている。その3つの島は、遠くからうっすらと見えるが、決して人は近づくことはできないといわれている。

八仙人のリーダー
Chief of the Eight Immortals

顎ひげ、はだけた胸、軍配から、この威厳のある老人が鐘離権《しょうりけん》であることがわかる(象牙細工、17世紀)。八仙人のリーダー的存在とみなされ、不老不死の妙薬を発見したと伝えられている。

鐘離権《しょうりけん》 Chung-li Ch'uan

顎ひげを伸ばし、胸をはだけた老人が、八仙人のリーダー的存在、鐘離権である。彼のシンボルは長い紐のついた軍配（扇）で、彼はそれを使って、死者の魂に生命の息吹を送り込むことができる。

曹国舅《そうこくしゅう》 Ts'ao Kuo-chiu

人の注意を引きつける打楽器のカスタネットが曹国舅のシンボルである。それは雲陽板と呼ばれ、文字を書くための板ともつながりがある。顎ひげを長く伸ばしたこの老人は、京劇に携わるすべての人の守護仙人である。

韓湘子《かんしょうし》 Han Hsiang-tzu

中国の音楽家の守護仙人である青年仙人の韓湘子のシンボルは、横笛である。彼がその横笛を奏でながら街を散策すると、その美しい音色に惑わされないものはなく、花の蕾でさえ競うように開き始めるといわれている。

何仙姑《かせんこ》 Ho Hsien-ku

妙齢の美女仙人である何仙姑は、いつも手に１本の蓮華の花茎を持っている。茎の先端には、蓮華の花（夏と自然の豊かさの象徴）と花托（種子の入っている部分で、子孫を象徴する）の両方が付いている。

日本の代表的な神々
The leading gods of Japanese Shintoism

p.133「**寿老人**」
p.125「**桃**」
も参照

日本古来の宗教である神道の最高神は、太陽の女神であり日本皇室の尊き祖先である天照大神である。天照大神から授かったとされる三種の神器（鏡・剣・玉）は、その後代々皇位継承に伴って受け継がれ、宇治山田にある皇室の神宮である伊勢神宮に安置されていると伝えられている。日本の伝統絵画では、天照大神がこの三種の神器を携えている絵が多く描かれている。日本の民衆にとって彼女よりももっと身近な存在が、七福神である。6人が男神（布袋、福禄寿、恵比寿、毘沙門天、大黒天、寿老人）で、残りの1人が女神（弁財天）である。七福神にはそれぞれ固有の持物がある。

神道の太陽の女神
Shinto sun goddess

隠れていた天の岩戸から現れた天照大神（浮世絵、歌川国貞、1786-1865）。光線を発している神道の太陽女神は剣を手に持ち、鏡に映る自分の姿にうっとりとしている。こうして再び世に光が満ちた。

天照大神 Amaterasu

神道の太陽女神である天照大神は、太陽光線を表す光背を頭の後ろに戴き、三種の神器を腕に抱えた姿で描かれることが多い。三種の神器とは、彼女の御神体を封じ込めているといわれている八咫鏡《やたのかがみ》(上図)、力を象徴する天叢雲剣《あまのむらくものつるぎ》、美と富を象徴する八尺瓊勾玉《やさかにのまがたま》である。

布 袋 Hotei

大きくせり出した腹を揺すり、にこやかに笑っている頭の禿げあがった仙人が、幸福と満足、富を象徴する神、布袋である。彼の持物は背中に背負っている大きな袋で、そこには米や宝物が満載されている。彼はまた子供に囲まれた姿で描かれることが多い。

福禄寿 Fukurokuju

長寿の神である福禄寿は、長寿を象徴する日本のシンボル(鹿、亀、鶴、そして桃)と共に描かれることが多い。また、柄に経巻(智恵を象徴する)を1つまたは2つ吊り下げた杖を手にしていることも多い。

恵比寿 Ebisu

晴れやかな顔をした、漁師と商売人の神である恵比寿は、片手に釣竿を持ち、もう一方の手には大きな鯛を抱えている。恵比寿は、職業上の成功から得られる幸福と自然の豊かさ(大きな鯛がそのシンボル)を象徴する神である。

日本の代表的な神々

The leading gods of Japanese Shintoism

p.121
「ヴァイシュラヴァナ(毘沙門天)」
p.131
「福禄寿」
も参照

七福神は、揃って宝船に乗っている姿で描かれることが多いが、その吉兆の船には、合わせて21個の宝物が積まれている。それらの宝物は、富と幸運のさまざまな側面を象徴し、宝船から取り出されて、単独で吉兆の装飾モチーフとして使われることも多い。七福神を乗せた宝船の絵図は日本の新年に多く見られるが、それはこの幸運を運ぶ船が大晦日に日本に到着したという伝承に基づいている。宝船はまた、精巧に彫刻を施した留め木(根付け)のデザインとしてもよく使われている。

幸福の守護神
Guardian god of happiness

身につけている革製の甲冑、手に載せている宝塔から、このいかめしい表情の武将が毘沙門天であることがわかる(13世紀初め、日本)。

毘沙門天 Bishamon

毘沙門天は、仏教の四天王の１人であるヴァイシュラヴァナの別の表現形態であることから、北の守護神であり、戦闘的側面を持った幸福の神と考えられている。甲冑をまとった毘沙門天の持物としては、三叉の槍と宝塔（仏教の尊さの象徴）が一般的である。

大黒天 Daikoku

金槌と袋が、現世での富を象徴する大黒天の持物である。木槌型の金槌は、鉱夫の使うもので、地下から掘り出される鉱物資源がもたらす富を象徴する。袋は、米や宝石などの財宝で満杯になっていることを暗示している。

弁財天 Benten

弁財天は琵琶を演奏している姿で描かれることが多いが、それは彼女が芸術（文学、美術、演劇、音楽）の守護神であること、そしてそれらがもたらす幸福の象徴であることを表現している。女神である弁財天はまた、愛の女神でもある（他の多くの持物が、彼女のさまざまな属性を象徴している）。

寿老人 Jurojin

同類の神である福禄寿と同じように、寿老人は、長寿のシンボルである鹿や鶴、亀などに囲まれて描かれることが多い。寿老人はまた学問の神でもあり、それは彼が持つ杖の柄に吊り下げられた１つまたは２つの経巻によって象徴されている（これも福禄寿と同じ）。

イスラム教の宗教美術
The sacred art of Islam

p.23
「聖典」
p.43
「ハムサ(ハメシュ)」
も参照

イスラム教の教義の中心には、アラー以外の神は存在しないという絶対命題があるが、それこそが、人であれ動物であれ生き物を描くことを禁ずるという禁則の根底にある考え方である。なぜなら、そのような図像は、偶像崇拝の対象となる可能性があるからである。加えて、アラーを血と肉を持つ存在として表現することは、それ自体が神への冒涜に等しい行為とみなされる。このようにイスラム美術においては、具象画は選択肢となり得ないため、早くから装飾書法と幾何学文様という反偶像的な美術が、宗教的瞑想のための独特の精緻で優美な手段へと転化した。

モロッコのゼッリージュ・タイル
Moroccan zellij tiles

ゼッリージュ・タイル（モザイク・タイル）による華麗な花模様や幾何学文様を、コーランの一節を書き出した細密な装飾文字が縁取っている（サーディアン霊廟、モロッコ、マラケシュ、16 世紀）。スルタン、アハメド・エル・マンスールのために建てられたもの。

アラビア装飾書法 Arabic calligraphy

数多くの書体を持つアラビア装飾書法は、イスラム教世界では崇敬の念を持って凝視される。というのは、それはイスラム教の聖典コーランに記されたアラー（上はその名前を表すアラビア文字）の聖なる言葉を可視化し、伝えるものだからである。磁器タイルをはじめとするさまざまな媒体が、その流れるような形態を表現するために用いられる。

カーバ Ka'bah

サウジアラビア、メッカのアル・ハルム・モスクにある立方体の神殿が、カーバ（アラビア語で「立方体」を意味する）である。内部には、アダムが大天使ガブリエルから与えられたと伝えられている「黒石」が納められている。イスラム教徒が礼拝のときに用いる敷物（サジャダ）の中に、カーバの図像が織り込まれていることが多い。

アラベスク文様 Arabesque patterns

優美で精密な唐草文様がイスラム美術を特徴づける中心的なモチーフであるが、それは西洋ではアラベスク（「アラブ風の」という意味）と呼ばれている。布や磁器タイル、透かし彫りによく用いられているその文様は、アラーの現世における創造物の美しさを賛美するとともに、楽園を暗示するものである。

幾何学模様 Geometric patterns

イスラム建築様式のモスクや宮殿などには、円、正方形、三角形、そしてとりわけ星型を基本とした対称形の連続模様による装飾が多用されている。それはアラーの宇宙を支配している自然法則に基づく秩序、調和、統一の動的形象を表現している。

日本の家紋 *Japanese mon*

p.97 **「竹の家紋」**
も参照

日本の紋章的徽章である家紋は、戦場において自軍と他軍を識別し、武将とその家臣のアイデンティティを維持するために用いられた幟《のぼり》から進化したと考えられている。その幟《のぼり》に印されていた徽章——その多くが、花の形を意匠化したものである（次ページ）——は、数世紀を経る中で家紋となり、武将や家臣が身につける着衣や武具にも付けられるようになった。それらの家紋はやがて平和時にも、大名やその家臣が身につける衣服に染められたり、織り込まれたりするようになった。家紋には定紋と替紋があり、定紋だけを持っている武家もあれば、数種の替紋を持っている武家もあった。

アイデンティティを示す徽章
Badges of identity

刀剣を腰に挿したサムライの衣装が、さまざまな種類の大きな家紋で装飾されている（屏風絵、18 世紀）。着物の裾の方でひときわ目立っているのが、16 枚の花弁の菊の紋である。

菊の御紋
Kiku-mon

16 弁の菊の紋は、日本の天皇家の定紋であり、日本国の国章である。この紋の中心にある菊の花は 16 弁であるが、さらにその背後に 16 弁があることが微かに示されている。菊は長寿と幸福を象徴する花である。

桐 Paulownia

日本の天皇家の替紋であり、内閣総理大臣の紋章でもある桐の紋は、日本に自生する淡い紫や白の筒状の花のついた花序と広卵型の葉を持つ桐を図案化したものである。

牡 丹 Peony

絢爛豪華な美しさを誇る牡丹の花が、よく茂った葉に囲まれた姿で家紋になっている。牡丹は、春の訪れ、結婚、多産、豊穣など、日本では多くの意味を象徴する花である。

梅 Plum

日本では梅は、葉のない枯れてしまったような枝から花を咲かせることから、困難な状況に打ち勝つことを象徴する花とみなされ、武家が好んで用いる家紋となった。それはまた春と幸運を象徴する花でもある。また梅の花は、神道で学問の神として神格化されている菅原道真とも深いつながりがある。

日本の家紋 *Japanese mon*

p.35 **「扇の家紋」**
も参照

家紋の多くが円を基本とした形をしているが、円は、日本文化の元型的シンボルの1つである太陽を暗示している。円の中にあるのは、植物や動物あるいは道具、またはその他の模様を意匠化したものであるが、それらはどれも肯定的な意味を有している（次ページにいくつか紹介する）。古来より吉兆のしるしといわれてきたものもあれば、一族の歴史を決定づけたある出来事を暗示するものもある。何百とある定紋は、歴史を通じて一族を表す紋章として公的に認証されたもので、その成員はその家紋の付いた衣服を身につけることによって、一族のアイデンティティとそれへの忠誠を示した。しかし現在は、家（または企業）のアイデンティティを示すシンボルとして、それほど格式張らずに比較的自由に使われている。

軍事的徽章 Military insignia

日本を代表する浮世絵師の1人である初代歌川豊国（1769-1825）による武者絵。着物の袖に一般的な単色の家紋が見える。普通の武士は通常1つの家紋（定紋）しか持っていないが、3つ以上（替紋）持っている大名（封建領主）もあった。

松 Pine tree

松は樹脂を生み出す常緑樹であることから、日本では、不朽性と長寿を象徴する（また枝を絡ませた2本の松「連理の松」は、長く続く幸せな結婚生活を象徴する）植物として尊ばれてきた。そのため幸運を招き寄せる肯定的なシンボルとして、松の枝は人気の高い家紋モチーフである。

トンボ Dragonfly

トンボは、その予測不能な飛行から、一貫性の無さと結び付けられることもあるが、肯定的なシンボル体系も有しており、そのためこのように家紋の中心的モチーフとなることができた。また日本列島の形がトンボの形に似ていることから、日本は古来より「秋津島（トンボの島という意味）」と呼ばれ、トンボは紋章の1つとなった。

蝶 Butterfly

日本では1頭だけの蝶は、女性の虚栄心（そして芸妓）や、一時的な豪奢な生活を示唆し、また白い蝶は死者の魂の化身と考えられ、吉祥のシンボルとはなり得ないが、2頭の蝶は、幸せな結婚生活の象徴となっている。

亀 Tortoise

亀は実際に寿命が長く、またその姿がしわだらけのことから、日本では古くから長寿のシンボルとして尊ばれ、吉祥のシンボルとして家紋になった。また日本には、インドから伝わった、世界は亀の甲羅によって支えられているという説話があり、こうして亀は、支え、強さ、耐久性のシンボルとなった。

ヒンドゥー教と仏教のマンダラとヤントラ

Hindu & Buddhist mandalas & yantras

p.111「ヴァジュラ」も参照

蓮華チャクラ
Lotus chakra

円のまわりを花弁（通常は８弁）が取り囲んでいる形が、蓮華チャクラの一般的な形である。蓮華チャクラは宇宙誕生のシンボルであるが、その理由は、原初の海から一輪の蓮華が自然に生まれ出て、そこから現在の宇宙が誕生したと信じられていたからである。蓮華チャクラはまた、宇宙子宮、太母神、女性の創造的力のシンボルでもある。

教義に精通していない西洋人の目から見ると、それは非常に精巧に描かれた一幅の抽象画のように見えるが、ヒンドゥー教と仏教のマンダラとヤントラ（それぞれサンスクリット語で、「円」と「道具」を意味する）は、瞑想とその結果として得られる霊的進化のための道具である。チベットやネパールでタンカ（仏画）として描かれることの多いマンダラと幾何学的ヤントラを構成する諸仏や形象には、それぞれ固有の意味（次ページにその１部を解説）――その３次元的同等物であるストゥーパ同様に、全体として宇宙と意識のシンボルである――があり、信者がより高い精神的次元に達することを助ける手段となる。

金剛薩――マンダラ
Vajrasattva mandala

このチベット・マンダラの中心に座す仏陀は、金剛薩――（ヴァジュラサットヴァ）である。そこから上下左右に交差するように展開している形は、密教の道具であるヴァジュラを連想させる。マンダラは、その他、円や正方形などさまざまな意味を持った形象によって構成されている。

円 Circle

円は通常、宇宙または自己を象徴する。多くのマンダラとヤントラの重要な要素である同心円は、その内部に、輪廻転生、あるいは高次の段階へと進む悟りの連続性を含み、中心にある円は完全性を象徴する。

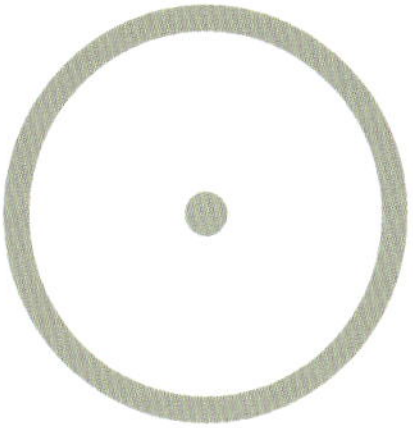

中 心 Centre

マンダラとヤントラの中心は、連続する精神の旅の到着点、あるいは宇宙の中心を意味する。そこには多くの場合、宇宙の中心にある須弥山、仏陀（悟りへの到達を象徴する）、あるいはビンドゥ（「点」）が描かれている。ビンドゥは、霊的啓明または絶対性を意味する。

正方形 Square

マンダラおよびヤントラの内部において正方形が表す特殊なシンボル的意味は、それが描く宇宙モデルによって異なっているが、一般に正方形は、地球、現世、物質世界を表す。各辺の中間にある門は、中心へと至る東西南北からの道を意味する。

上向き三角形 Upward-pointing triangle

上向きの三角形は、能動的な男性エネルギー（シヴァ）のシンボルであるリンガ（男根）を表す。それが下向きの三角形と交わるとき、その融合は男女の生殖力を表すが、それを具象的に描いたものが、ヤブ－ユム（父－母）の姿形である。

下向き三角形 Downward-pointing triangle

下向きの三角形は、ヨニ（サンスクリット語で「女陰」）を表現したもので、そこから宇宙の女性的創造エネルギーであるシャクティの象徴となる。シャクティは具象的に、1体の女神として、男神シヴァと並ぶ姿で、あるいは交合する姿で描かれることもある。

中国十二支 *The Chinese zodiac*

p.41
「中国十二支」
p.97
「八卦太極のお守り」
も参照

十二支は、西洋で「中国黄道12宮」と呼ばれることもあるが、西洋の黄道12宮と同様に、12の「宮」——子、丑、寅、卯、辰、巳、午、未、申、酉、戌、亥——から成り立っており(以下の5ページで詳解)、それぞれの宮は、その支配年（西洋の場合は月）に生まれた人の人生に大きな影響を与えるといわれている。しかしそれ以外の点では、この2つの体系は大きく異なっている。十二支は太陽月と対応するものではなく、1日24時間のうちの2時間、太陰月、さらにはある1年全体とつながりがあり、また12方位とも関係がある。

十二支図
The 12 Terrestrial Branches

十二支に割り当てられた動物（十二獣）が正12角形の中に描かれている(中国、切り絵)。中心には太極があり、そのまわりを八卦のトリグラム、さらには各動物を表す漢字、一番外側には十干と組み合わせた干支が書かれている。

子 Rat

十二支の最初に割り当てられている動物が、方位では北、時刻では午後11時から午前1時までの2時間を表す野生動物ネズミである。ネズミは中国美術では、勤勉さ、蓄積、倹約、繁栄を象徴する。

丑 Ox

十二支の2番目に割り当てられている動物が、方位では北北東、時間では午前1時から3時までの2時間を表す家畜の牛である。中国美術では、しばしば歴史上の賢人や仙人を背に乗せて描かれ、強さと堅固さ、そして農業と春を象徴する。

寅 Tiger

十二支の3番目に当たるのが、方位では東北東、時間では午前3時から5時までを表すトラである。猛獣にふさわしくトラは、攻撃性、勇敢さ、神出鬼没を象徴する。美術では特別な意味を有しており、陽、武人らしさ、そして四神獣の1つである白虎(西方と秋をつかさどる)を表す。

卯 Rabbit

十二支の4番目に割り当てられているのが、方位では東、時刻では午前5時から7時までの2時間を表す野生動物のウサギである。ウサギは、長寿と感性、陰のシンボルであり、絵画ではしばしば、崇高で神秘的な仕事をしている姿、すなわち月で不老不死の妙薬を配合するものとして描かれる。

中国十二支 *The Chinese zodiac*

p.117「紺馬宝」
p.159「龍」
も参照

中国の人々は古来より、人の生まれた年を表すのに、その年を支配する動物の名を用いた(たとえば辰年生まれなど)。新年は、冬至の後の2回目の新月の日に始まる。子に始まり亥で終わる十二支は、12年を1周期とする永続的な循環を形成するが、暦の上では、この循環は10年を1周期とするもう1つの循環である十干――これはまた隣り合う2干で、5要素および陰陽と関係する――と組み合わされ、合わせて60年が1周期の循環が形成される。

7番目の動物
The seventh animal

この5-6世紀の中国の素焼きの馬の塑造には鞍や馬勒がつけられているが、これは、中国では早くから馬の家畜化が進んでいたことを物語る（魏王朝）。午（ウマ）は十二支の7番目の動物である。

辰 Dragon

四神獣の１つであり、中国美術では、慈悲深い超自然的な力のシンボルである龍は、十二支の５番目に割り当てられた動物で、方位では東南東、時刻では午前 7-9 時を表す。自信と野心の象徴でもある。

巳 Snake

蛇は十二支の６番目にあたり、方位では南南東、時刻では午前 9-11 時を表す。この野生の毒を持つ動物は、中国では一般に恐れられ、信仰されていないが、蛇の特徴とされる狡猾さが、より肯定的な意味で、俊敏さと関係づけられることもある。

午 Horse

家畜動物であるウマは、俊足にもかかわらず、十二支では７番目に割り当てられている。方位では南、時刻では午前 11 時から午後１時までを表し、決断力、不屈の精神、熱狂といった性格を象徴する。午の年は、あらゆる面で急激な変化が起こる年といわれている。

未 Goat

十二支の８番目に割り当てられている動物が、家畜となった山羊または羊である。未は、方位では南南西、時刻では午後１時から３時を表す。中国美術では多くの場合、穏やかさと余暇を表し、そこから引退を象徴する場合もある。

中国十二支 *The Chinese zodiac*

p.95「犬」
p.25「聖なる雌豚」
も参照

十二支は1000年以上も前に確立された体系であるが、それに12種類の動物を割り当てるようになった起源は仏教にあると考えられている。十二支の呼び名は、仏陀が12種類の動物——6種が野生動物で、残りの6種が家畜——にちなんで名づけたという説話があり、仏陀のもとに新年のあいさつに来た順番に割り当てられたといわれている。また12種類の動物が、揃って「年の樹」の12本の枝の下に休む姿を描いた絵も残っている。また、それらの動物が、古い銅鏡の裏に描かれた象徴的な宇宙地図の一部として描かれることもあり、その場合は、その外側にさらに28星座(28宿という）と関係する28種の動物が描かれていることもある。

忠誠のシンボル
Symbol of faithfulness

素焼きに石灰の釉薬をかけて焼いた副葬用塑造（前漢BC3世紀〜1世紀)。警戒しているイヌの姿がうまく表現されている。イヌ(戌)は十二支の11番目の動物で、忠誠のシンボルである。

申 Monkey

サルは、十二支の9番目の動物に当たり、方角では北北西、時刻では午後3-5時を表す。野生のサルは、中国では相反する性質を象徴する。基本的には、知的で利口であるが、その反面好奇心が強く、予想できない行動をするトリックスター的な存在でもある。

酉 Cock

家畜の雄鶏は、十二支の10番目の動物に当たり、方角では西、時刻では午後5-7時を表す。太陽鳥と呼ばれ（その黄金の羽毛と、大きな鳴声で夜明けを告げることから）、陽の性質を代表する。

戌 Dog

十二支の11番目に当たる動物が、人間に飼われているイヌ（中国では忠誠と従順のシンボルとして肯定的に捉えられている）で、方角では西北西、時刻では午後7-9時を表す。

亥 Pig

十二支の最後を飾る家畜化された動物が、豚（日本ではイノシシ）で、方角では北北西、時刻では午後9-11時を表す。豚は多くの性質を象徴するが、中国美術では主に、官能性、多産、誠実さを表す。

中国の太極のシンボルと八卦トリグラム
The Chinese tai-chi symbol & pa-kua trigrams

p.41「中国十二支」
p.133「寿老人」
も参照

宇宙にある万物とその運動法則の根底には二元性があるという古代中国人の思想は、太極図によって見事に象徴されている。この単純で図式的なシンボルは、宇宙——そしてそこに存在する万物——は、動力学的な2つの相対立する力、陰と陽によって構成され、大宇宙と小宇宙の調和はその2つの力が完全に均衡した時に達成されるという考え方を優雅に内包し、伝えている。占いに使われる3本線で出来たシンボル的形象、八卦トリグラムも、陰(破断された線で表される)と陽(破断されていない線で表される)のさまざまな関係を表す。

調和と長寿
Harmony and longevity

風趣な地に出向いた一行が、太極図について議論している図（17世紀）。長寿の神である長頭の寿星（幸運の三星神の1人）の傍には、長寿のシンボルである鹿が見える。

乾（ケン） Qian trigram

乾（ケン）は３本の破断していない線で構成されるトリグラムで、その線はすべて陽を表す。乾はさまざまな事物を象徴するが、その中には、空、南の方角、馬がある。それが表す性質としては、動物的な強さ、疲れを知らない持久力などがある。

兌（ダ） Dui trigram

２本の破断していない線の上に１本の破断した線が載っている組み合わせが、兌（ダ）のトリグラムである。兌は、静止した水や体内の水と関係があり、方角では南東、動物では羊（山羊）と関係がある。満足感と喜びの可能性を示す。

陰と陽 Yin and yang

太極図で優美な曲線を見せる黒い半分は、陰を表す。それは受動的、否定的、女性的な宇宙エネルギーで、暗黒、夜、月、湿気、地球と等しい。黒い点は、陽の中にある陰の存在、種子を表し（白い点はその反対）、かくして陰と陽の相互依存を表す。白い半分は、陰の対極にある陽を表し、活動的、肯定的、男性的エネルギーで、光、昼間、太陽、熱、乾燥、天に等しい。両エネルギーを包む円環は、宇宙（と宇宙卵）、統一、常に回転し続ける生命の循環を表す。

離（リ） Li trigram

１本の破断している線が、２本の破断していない線に挟まれているトリグラムが、離（リ）である。離は、明るいこと、輝き、優美さを表し、天空の火の顕現（雷光、太陽など）、東の方角、鳥ではキジと関係がある。

中国の太極のシンボルと八卦トリグラム

The Chinese tai-chi symbol & pa-kua trigrams

p.97
「八卦太極のお守り」
p.142 「中国十二支」
も参照

中国では、太極図のまわりを八卦トリグラムが囲んでいる美術品が多く見られるが、そのトリグラムは最初、伝説の皇帝伏羲(彼もまたよく描かれる)の前に現れた亀の甲羅に顕現していたと伝えられている。この幸運を招き寄せる護符は、磁器や掛け軸に多く描かれ、また彫刻、刺繍、印刷されて、お守りとして身につけられたり、家に飾られたりしている。3つの平行な線の組み合わせからなる8つのトリグラムは、それぞれが一連の象徴的な意味を持ち、それを2つ組み合わせると64のヘキサグラム(6本の線の組み合わせ)が構成され、それを筮竹を用いて導きだすのが『易経(変易の書)』の占いの基本となっている。

皇帝伏羲 Emperor Fu Hsi

太極図のまわりを八卦が囲む護符を手にする皇帝伏羲(木彫、18世紀)。中国の創世神話に登場する最古の皇帝の1人で、八卦のトリグラムを最初に人民に教えた皇帝と伝えられている。多くの神秘的な伝説が残され、牛の角を生やしていたともいわれている。

震(シン) Zhen trigram

1本の破断していない線（陽）の上に、2本の破断した線（陰）が釣り合いを保ちながら並んでいるのが、震のトリグラムである。この独特の3本の線の組み合わせは、雷、北東の方角、神秘の龍と関係がある。震が伝える意味としては、興奮、動き、力強さなどがある。

巽(ソン) Xun trigram

1本の破断した線（陰）の上に2本の破断していない線（陽）が並んでいる形が、巽（ソン）のトリグラムである。生産、順応、適応、浸透などの能力を表し、風と木にも関係がある。方角では南西、動物では雄鶏と関係がある。

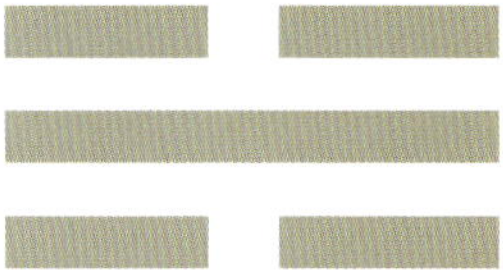

坎(カン) Kan trigram

破断していない1本の線（陽）を、2本の破断した線（陰）が挟んでいる形が、坎（カン）のトリグラムである。坎は流れる水――雨、雲、小川、大河――と関係があり、また月、西の方向、動物では豚と関係がある。危険と困難が待ち受けていることを表す。

艮(ゴン) Gen trigram

2本の破断した線（陰）の上に1本の破断していない線（陽）が載っている形が、艮のトリグラムである。この象徴的な組み合わせは、丘や山を表し、方角では北西、動物ではイヌを表す。活動を一端休止すること、または休息を取ることを示している。

坤(コン) Kun trigram

3本の破断した線（陰）からなるトリグラムが、坤である。地球を象徴し、方角では北、動物ではウシを表し、従順、広大さなど、陰と関係する様々な概念を表す。

中国の五行思想 *The Five Chinese Elements*

p.41
「中国医学」
p.224-5
「4 大元素と 4 体液」
も参照

この見開きで紹介しているのは、中国の五行思想の中心をなす5元素を表す漢字を毛筆で書きだしたもので、掛軸にしてよく飾られている。古代中国の思想によれば、宇宙のあらゆる事物は、この5元素——水、火、木、金、土——から出来ており、その動力学的な相互作用によって自然界のすべてが制御されている。この5元素は、5匹のトラや、その他の動物で集合的に表されることもある。またそれを表すのにふさわしい自然の事物や人工的な事物で表されることもある。たとえば、川(水を象徴)、火炎や灯明(火)、樹木(木)、金属製の道具または黄金(金)、そして地面または陶器(地)。

土

土 Earth

土は方角を表さない代わりに、中心を表し、人体では腹部と関係がある。土は金を生み出す(金属の鉱石は土から掘り出される)が、水とは否定的な関係にある。なぜなら土は水の流れをせき止めるから。

5惑星の精霊
Spirits of the five planets

5惑星の精霊のうちの2体（水星と金星）が、細部まで丁寧に描かれている（19世紀）。2体の精霊の頭上に書かれた文字は、5元素がそれぞれ惑星と関係があることを明瞭に示している。

水 Water

陰の要素であり、受動的、否定的な元素である水は、象徴的に北の方角と冬に関係している。また人体では腎臓と関係が深い。水は木（樹木）を養うが、火を消し止める。

火 Fire

火は方角でいえば南、季節では夏とつながりがある。人体では心臓と関係が深い。火は燃え尽きた灰で土を生み出すが、金属を溶かすことから、金とは破壊的な関係にある。

木 Wood

木の元素は方角では東、季節では春と関係があり、人体では肝臓とつながりがある。木は火の元素に活力を与えるが、土に対しては否定的な関係を持つ。なぜなら木は土の養分を吸い取り、それを痩せさせるからである。

金 Metal

金は方角では西、季節は秋、人体では肺と関係がある。水（それが含んでいる）を生み出すが、木を破壊すると考えられている。木を切り倒すために金属の道具が用いられるからである。

SYMBOLIC SYSTEMS

幸運を招く中国の漢字とシンボル
Auspicious Chinese calligraphy & symbols

p.148「**調和と長寿**」
p.39「**漢字**」
も参照

中国（そして日本）の漢字は、事実を記録し、意味を伝える道具であるだけでなく、1つの芸術形態でもある。漢字にそのような特性があるのは、それが象形文字であると同時に、表意文字でもあるからである。肯定的な概念を伝える1つの漢字、または2つ以上の漢字の組み合わせ(次ページにその例を示す)は、非常に価値あるものとみなされ、単体で取り出され、特別な扱いを受けてきた。高度に装飾的な形態を与えられたそれらの漢字は、その意味と合わせて幸運を招くシンボルとなり、見る人を喜ばせ御利益をもたらすために、磁器や織物に描かれ、門や玄関に飾られ、掛軸となっている。

福禄寿三星神
Long life and happiness

円の形に意匠化された、長寿のシンボルである“寿”の文字（団寿という）が、長寿の神である寿星の服のたもとに見える。彼は長寿のシンボルである桃の実を抱え、同じく幸福の神である禄星（右）、福星（中央）と共に描かれている。

五 福 'Five Blessings' symbol

中国では古くから、寿命の長いこと、財力が豊かなこと、無病息災であること、徳を好むこと、天寿をまっとうすることを五福として崇める伝統がある。これは図案化された寿の漢字のまわりを５匹のコウモリが囲んでいる形を表したシンボルである。コウモリは発音が“福”と同じことから、中国では喜びと長寿を表すシンボルとなっている。

喜喜のシンボル Double-happiness symbol

漢字の“喜”は、“幸福”を意味するが、それが２つ並んで書かれているのだから、“二重の幸福”を意味する。昔から、この二重の喜びを装飾的な美術品にしたものが新婚夫婦に贈られたが、結婚していようといまいと、それは二重の喜びをもたらすことを願うシンボルである。

幸運のシンボル Good-luck symbol

漢字の“福”は、“吉兆”、“幸運”を表し、繁栄、幸せ、満足感など、幸運とそれに伴うすべての吉事のシンボルとなる。正月にはこの漢字が、その１年に良い影響をもたらすようにとの願いを込めて、家の玄関に飾られる。

健康のシンボル Good-health symbol

“康”という漢字は、健康、活力を意味する。それが示す健康とは、単に身体的なものではなく、心と身体の全体的調和を指し、健全で幸せな精神、肉体、霊、そして自分の運命を肯定的に認めることを指している。

ALLEGORICAL

インドの空想上の動物
Indian fantastic creatures

p.27「鷲対蛇」
p.45「トリトン」
も参照

ヒンドゥー教――その神々の中には、半人半獣のものも多くいる――の神話には、さまざまな空想上の動物が頻繁に登場するが、それらの動物はインド亜大陸全体に広がり、土着の信仰と融合してさまざまな物語を生みだした。古代世界のどの文明にも、奇妙で象徴的な姿形をした空想上の動物が登場し、それらの動物はその肉体的武器を遺憾なく発揮して、天空や海、そして地下世界を支配している。ヒンドゥー教もその例外ではない。ヒンドゥー美術では、ガルーダやアナンタ、マカラなどの動物が特定の神と深い関係にあることを示す図像が多く、彼らの玉座になったり、乗り物（ヴァハナ）になったりしている。とはいえ、これらの動物がすべて友好的で、良心的だというわけではない。

庇護する蛇
Sheltering serpent

天空を支配する6つの頭部を持つ蛇（ナーガ）、アナンタが、蓮の花の咲く原初の海に浮かび横になっているヴィシュヌの寝台となり、天蓋となっている。妻のラクシュミがその寝姿を見守っている（1780年頃に活躍したインドの画家カンデシュの作）。

ガルーダ Garuda

巨大な鷲の両翼を持つ人間として描かれるガルーダは、天空の支配者であり、その黄金の羽毛によって太陽と同一視され、ヒンドゥー教の神ヴィシュヌの乗り物（ヴァハナ）である"太陽鳥"となる。邪悪なナーガと戦う太陽の動物ガルーダは、光と生命を象徴する。

ナーガ Nagas

神話化したヘビであるナーガは、下半身がヘビで、その上に人間の上半身、腕、そして宝石を額に埋め込んだ頭部を持つ姿で描かれることが多い。豊饒の海の底深くに住み、海底に眠る財宝を守護しているといわれているナーガは、肥沃、富、海の豊かさを象徴する。

アナンタ Ananta

シェーシャとも呼ばれるアナンタは、天空のヘビ、ナーガの代表的存在で、ヴィシュヌ神が原初の海に浮かびまどろんでいた時、そのとぐろを巻いた胴体を彼の寝台にし、その頭（6、7、9 体の場合もあれば、1000 体の場合もある）で天蓋を作って彼を庇護した。アナンタは無限を象徴する。

マカラ Makara

"深海の支配者" ヴァルナの乗り物である海の動物マカラは、さまざまな姿をしているが、多くが魚と爬虫類を合わせたような格好をしている。一部魚で、一部ワニ、そして時にはゾウの頭部をして描かれることもある。ヒンドゥーの黄道 12 宮では、山羊座の場所を占めている。

ALLEGORICAL

中国と日本の空想上の動物
Chinese & Japanese fantastic creatures

p.145「辰」
p.229「ユニコーン」
も参照

西洋の空想上の動物の多くは、人間を脅かす存在(特にドラゴン)であるが、東洋のそれは一般に、龍も含めて人間に好意的である。龍や鳳凰は中国美術によく登場するが、それがいっしょに描かれる場合は、たいてい皇帝と皇后を表す。また両者は中国の四神獣(古代銅鏡にしばしば彫刻されている)のうちの2つである。青龍は天空の東を守護し(季節では春を象徴する)、朱雀(朱の鳳凰)は南と夏をつかさどる。白虎(または麒麟)は西と秋をつかさどり、玄武(蛇が亀に巻きついている姿)は北と冬を象徴する。

決闘する2体の龍
Duelling dragons

緑色の龍と朱色の龍が、中央の炎を出している真珠をめぐって決闘している図(磁器、18世紀)。中国美術では多く見られる構図である。炎を出している真珠は一般に、太陽、月、轟く雷鳴、潜在的な力を象徴すると考えられている。

龍 Dragon

中国では古来より、龍には主に３種類あると考えられてきた。天空に住む龍と、海洋に住む蜃、そして洞窟に潜む蛟である。すべて蛇のように長い胴体をし、肥沃を生み出す力の源泉である水と関係があり、それゆえに、幸運と守護を象徴する。

鳳 凰 Phoenix

優美な不死鳥である鳳凰は、さまざまな姿で描かれるが、たいてい東洋的な鳥類の姿をし、雄鶏のような頭部と、長い尾羽が特徴である。南と夏の守護神であると同時に、太陽（陽）のシンボルでもあり、それゆえ豊饒を生み出す力の象徴でもある。

麒 麟 Unicorn

その優美な姿で崇められているアジアのユニコーン、麒麟は、両性具有であり、それゆえ、調和、そして陰と陽の統一、さらには長寿の象徴である。牡鹿の胴体と龍の頭部をし、頭頂部には１本の角が出ている。

狛 犬 Lion-dog

アジアの寺院で、男女１対になって置かれていることの多い狛犬の彫刻は、邪悪なものの侵入を防ぐ意味を持っている。雄は片方の前足を玉（太陽または仏教の神玉宝を表す）の上に休めており（玉取りという）、牝は片方の足で幼獣を守っている（子取り）。

君子の四芸
The Four Arts of the Chinese scholar

p.234-35
「自由七科」
も参照

古代中国では、君子はただ科挙に合格するだけでは、教育のある文化的な人間とはみなされなかった。君子であるためには、四芸に秀でていなければならなかった。それらの芸は、調和のとれた人格を養い、心身を回復させると考えられた。四芸——琴、書、画、棋——はそれぞれ、それを行うための道具で象徴され、磁器や絵画に、四芸に励んでいる人々（たとえば「十孝婦」）の手に携えられて集合的に描かれた。

弾琴の君子 Scholarly musician

忘我の境地で琴（音楽のシンボル）を弾いている君子の像（1 世紀）。中国の音楽家は、その美しい楽曲の力で、聴く人を異次元の世界へといざなう。

琴（音楽） Qin, the art of music

中国のシタールともいうべき琴（古代中国に生まれた弦楽器で、リュートの１種とされることもある）は、音楽を象徴する。優秀な弾き手になるためには、手先の器用さとたゆまぬ練習が必要であり、それゆえ君子が会得すべき技能とみなされた。と同時に、それは弾く人を、より高い精神的次元へと導くと考えられた。

書（文学） Shu, the art of literature

美しい模様の厚紙に包まれ、帯紐で結わえられた数冊の書物と、その傍におかれた数本の毛筆が、四芸の１つである書を象徴する図である。中国美術では、何であれシンボルを飾るように描かれる波打つ帯紐、リボンは、その物が特別神聖な意味を持っていることを暗示する。

画（美術） Hua, the art of painting

毛筆で描かれる中国絵画、画は、たいてい２本の巻いた掛軸で象徴される。そこに描かれる画は、シンボルを巧みに組み合わせて深い思想を表現する理想の世界でなければならない。掛軸には主に、ライス・ペーパー（上質なわら紙）または絹布が使われた。

棋（競技） Qi, the art of 'sport'

棋（日本では囲碁）は、古代中国の代表的な盤上競技で、盤と、それぞれ白と黒の石の入った２個の壺によって象徴される。西洋ではよくチェスのようなものと紹介されるが、棋は王を倒すのではなく、陣地を競うゲーム（サラウンディング・チェッカー）である。

EUROPE
ヨーロッパ

はじめに *Introduction*

p.140-1
「ヒンドゥー教と仏教のマンダラとヤントラ」
p.32-3
「戦士と入会儀礼のシンボリズム」
も参照

古代ヨーロッパの高度に発展した芸術的遺産は、われわれの日常生活から信仰、そして深遠な思想まで、人生のあらゆる側面を豊かに彩っている。ルネサンスによって復興された古代ギリシャ－ローマの文化的遺産は、その後ヨーロッパ美術の中核となって、宗教的概念や絵画的言語を表象するためのシンボル的な設計図を与え、紋章的、シンボル的、寓話的体系と主題の発展に大きく寄与し、いまなおわれわれの世界認識を伝えるための大いなる手段となっている。キリスト教的主題やシンボルもまたヨーロッパ美術を支配しているが、同時にわれわれの文化の奥深くに潜み、今なお生き続けている異教徒的な本能も、独特の、シンボルにあふれた、人生を謳歌する美術様式を創造している。

ステンドグラスのバラ窓
Stained-glass rose

サン・ドニ教会堂北側翼廊を飾る壮大なバラ窓（ヴィオレ・ル・デュック作、フランス、19世紀）。12世紀の大修道院長シュジェールによって確立されたレイヨナン式ゴシック様式に基づいて造られている。

鷲と雷光 Eagle and thunderbolts

両方の鉤爪で雷光を掴んでいる鷲は、ギリシャーローマの天空の神、最高神のゼウス／ジュピターを表す。鳥類の王である猛禽の鷲と、その主人の最終兵器である雷光を合体させたこの図像は、非常に力強い印象を与え、古代ローマの、そしてその後はフランス皇帝の紋章となった。

バラ窓 Rose window

キリスト教会内部に神秘的な光を導き入れるステンドグラスのバラ窓は、多くの花弁からなる開いたバラに似ていることからバラ窓と呼ばれるようになった。そのシンボリズムは、円（完全性と天国）、赤いバラ（愛と殉教）、聖母マリア（汚れなき棘のないバラ）のシンボリズムが組み合わされている。

コーンウォール公国の紋章 Arms of the duchy of Cornwall

紋章とそのシンボルの精緻な体系は、中世ヨーロッパにおいて、戦場で貴族を識別するものとして発展した。コーンウォール公国の紋章の中心は、黒地（セイブル）に 15 個の金貨（ベザント）をあしらった盾である。

黄道十二宮の記号 Signs of the zodiac

西洋の、太陽年を構成する黄道十二宮の宮には、それぞれの宮を象徴する特別な絵文字が与えられている。黄道十二宮のシンボル体系は、惑星、元素、その他の影響を組み込んだ、数千年の歴史を持つ極めて複雑な体系で、大宇宙と小宇宙の両方の意味を包含している。

ギリシャ－ローマ、オリンポス 12 神
The Graeco-Roman Olympian deities

p.99「アダド」
p.105「シヴァ」
も参照

ギリシャの詩人ヘシオドスの叙事詩『神統記』などを読めば、ギリシャ－ローマ時代の神々の系譜を詳しく知ることができるが、1000 年以上ものあいだ永らえてきたそれらの神々の図像――特に彫像、モザイク壁画、装飾壺に残る――は、今なお彼らを生き生きとした躍動的な存在にしている。その中でも最も重要な神々が、オリンポスの山に住むオリンポス 12 神である。以下の数ページで、その象徴的な持物のイラストと合わせて、1 体ずつ見ていくことにする。

オリンポス12神
Olympian gods

マニエリストのジュリオ·ロマーノ(1499-1546)が描いたオリンポスの神々（フレスコ、テ宮殿『巨人の間』、イタリア、マントヴァ)。持物から神々が識別できる。雷光を掴んでいるのがゼウス／ジュピターで、三つ叉の槍を振りかざしているのがポセイドン／ネプチューンである。

ゼウス／ジュピター Zeus/Jupiter

オリンポス12神の最高位にある最強の神が、王冠を戴き、堂々とした威厳に満ちた男性の姿で描かれるゼウス／ジュピターである。とはいえ、彼はさまざまな姿に変身して、多くの女性を誘惑する。彼の持物は、主に鷲と雷光（多くが槍の形をしている）であるが、それは彼が天空の支配者であることを象徴している。

ヘラ／ジュノ Hera/Juno

ゼウス／ジュピターの妻であるヘラ／ジュノは、天の女王であり、それを象徴するように冠を戴いている姿で描かれることが多い。彼女はまた虚栄心が強いことでも知られており、華麗で気取った姿の鳥、孔雀（その尾羽の目にあるような斑紋は、巨人アルゴスの目といわれている）が彼女の持物となっている。孔雀が彼女の乗る戦車を引いている絵も多く見られる。

デメテル／セレス Demeter/Ceres

ギリシャ－ローマの神々の中で農業と最もつながりの深い神が、デメテル／セレスである。彼女は豊満な姿の太地母神的な存在で、農業をつかさどる女神であることから、よく冠にトウモロコシの穂を飾ったり、小麦の束や収穫用の鎌などを持って描かれる

ポセイドン／ネプチューン Poseidon/Neptune

水界、特に海を支配しているのが、長く顎ひげを伸ばした力強い中年男性として描かれるポセイドン／ネプチューンである。彼はたいてい、マーマン（男の人魚）と、騎馬車を引く海馬に伴われている。先端が三つ又になった槍が彼を象徴する持物であるが、それは漁師たちが大型の魚を取るときに使う槍である。

SACRED

ギリシャーローマ　オリンポス12神

The Graeco-Roman Olympian deities

p.171
「エロス／アモール／キューピッド」
p.233
「結婚と成熟」
も参照

ギリシャ－ローマの神話を絵画にするとき（特にルネサンス時代）、最も人気のある主題が、男性的な戦争の神アレス／マルスと、魅惑的な愛と豊穣の女神アフロディーテ／ヴィーナス（彼女は実際へパイストス／ヴァルカンと結婚した）の情熱的な恋愛物語である。男性らしさと女性らしさ、攻撃性と平和主義という、正反対であるが、相互に引きつけ合う原理を象徴する男神と女神の肉体関係は、美しい寓意画の主題となり、画家たちに、完璧な肉体を象徴するものとして、裸体に近い形で男女の姿を描く機会を提供した。

愛と戦争 Love and war

戦争と愛を象徴する男神と女神が、それぞれの持物と共に最もわかりやすい形で示されている（ピエール・ミニャール作『マルスとヴィーナス』1658、フランス）。アレス／マルスは象徴的な甲冑姿をしており、アフロディーテ／ヴィーナスは2羽のハトと、天使のようなエロス／アモール／キューピッドに伴われている。

ヘルメス／マーキュリー Hermes/Mercury

空中を猛スピードで走る神の伝令ヘルメス／マーキュリーは、翼の付いた帽子ペタソスをかぶり、サンダルをはいているのが特徴である。この若い神を識別する象徴的な持物は、先端に両翼の付いた伝令の杖で、それには治療と平和を象徴する２匹の蛇が巻きついている。

ヘパイストス／ヴァルカン
Hephaestus/Vulcan

背の低い足の不自由なヘパイストス／ヴァルカンは、そのせいか絵に描かれることは少ないが、描かれるときはたいてい松葉杖をついている。また彼は火と鍛冶の神で、彼の持物である金床やハンマー、ヤットコを使い、火の燃え盛る鍛冶場で働いている姿で描かれることが多い。

アフロディーテ／ヴィーナス
Aphrodite/Venus

愛と官能、性の女神であるアフロディーテ／ヴィーナスは、物憂げな、肌をさらした姿で描かれることが多い。この美の女神の自己中心的な性質は手鏡で象徴されることが多く、また愛と豊穣とのつながりは、エロス／アモール／キューピッドや赤いバラ、白鳩、その他の花や鳥などで象徴される。

アレス／マルス
Ares/Mars

戦争の神であるアレス／マルスは、兜をかぶり甲冑を身に付け、武器を持った姿で描かれることが多いが、それらをアフロディーテ／ヴィーナスによって取り上げられている場面も多く描かれている。雌のオオカミも彼の持物として描かれ（彼の息子の、ローマ建国の双子であるロムルスとレムスがオオカミに乳を与えられ育てられたから）、また彼の攻撃性と破壊性を象徴するキツツキも共に描かれることが多い。

SACRED

ギリシャーローマ　オリンポス 12 神

The Graeco-Roman Olympian deities

p.105「クリシュナ」
p.215「月」
も参照

古典時代の文献の再発見と、それがもたらした人間主義的な思想の開花によって、ヨーロッパ中世の暗く束縛された時代の終わりが告げられたが、それはイタリアの、特に 15 ～ 16 世紀の絵画によって幕が切って落とされた。ルネサンスの画家たちは、ギリシャ－ローマの神々の、波乱に満ちた、時には道徳を踏み外す冒険譚をよく題材にしたが、その神々の顔と肢体は、新しい時代の人間の理想的な姿であり、その背景も多くがその時代を映すものであった。当時の鑑賞者が目新しい古代の異教徒の神々を識別する時、彼らの持物が大きな手掛かりとなった。

オリンポスの双子神
Olympian twins

アルテミス／ダイアナとアポロン／アポロの双子の姉弟（画面上）が、母親レトの恨みを晴らすため、多産を自慢するニオベをこらしめているところ。フランスの画家ニコール・ド・プラテ・モンターニュ（1631 ～ 1706）作『ニオベの子供たち』。

アポロン／アポロ Apollon/Apollo

ギリシャ－ローマの太陽神であるアルテミス／ダイアナの双子の弟アポロン／アポロの眩いばかりの輝きは、彼の黄金の髪（光背）によって象徴され、また彼が放つ矢は太陽光線を象徴している。竪琴は彼の音楽への愛を象徴し、月桂冠は、彼が妖精ダフネ（「月桂樹」を意味する）を思慕していたことを暗示している。

アルテミス／ダイアナ Artemis/Diana

月の女神であるアルテミス／ダイアナは、銀色に輝く三日月を髪飾りにしている。また、有能な狩人でもあるこの処女神は、短い衣服を身につけ、矢筒いっぱいの矢を持つ姿で描かれる。狩猟犬を連れていることもある。

アテナ／ミネルヴァ Athena/Minerva

智慧、工芸、軍事をつかさどる女神であるアテナ／ミネルヴァは、英雄の守護神として兜と盾（アイギスまたはイージスと呼ばれる）を持ち、メドゥーサの首を吊り下げた胸当てを身につけていることもある。アテネにオリーブをもたらした女神であることから、オリーブの樹でアテナを象徴することもあるが、彼女の代表的な持物は、智慧を象徴するフクロウである。

ヘスティア／ヴェスタ Hestia/Vesta

オリンポス12神から外されることもあるヘスティアは、オリンポス山にある聖なる炉で燃える炎をつかさどる女神である。一方彼女のローマ版であるヴェスタは、ローマにある彼女自身の神殿で絶やすことなく火を捧げられている。彼女の炎は、生命の持続性と調和的な人間関係を象徴している。

その他の神々と脇役たち
Minor Graeco-Roman gods & characters

p.107「ドゥルガ」
p.201「バシリスク」
も参照

オリンポス12神には入らないけれども、西洋絵画の主題として人気のある神々や神話上の脇役たちがいるが、それは彼らが人間的魅力にあふれ、象徴的な存在だからである。たとえばギリシャ神話のエロス（ローマではアモール／キューピッド）は、母であるアフロディーテ／ヴィーナスの傍にいる生意気な裸の天使として、またある時は美しいプシュケの恋人として登場する。ワインの神であるディオニュソス／バッカスも神話に華やかな色どりを添え、キュベレー同様に、影響力の大きい神秘教団の中心的神となった。キュベレーも残虐な一面を持っているが、視覚的に最も戦慄させられる神は、ゴルゴン・メドゥーサであろう。蛇の髪をした、胴体から切り離された首は、ゴルゴネイオン（下参照）として多く描かれている。

ゴルゴネイオン Gorgoneion

テッセラ（タイル小片）を用いて細部まで生き生きと描きだされた、切断されたゴルゴン・メドゥーサの首。ボルビリス（現代のモロッコ）から出土した古代ローマのモザイク壁画を復元したもの。ゴルゴネイオンを飾ると、邪悪なものを怯えさせ、退散させることができると信じられていた。

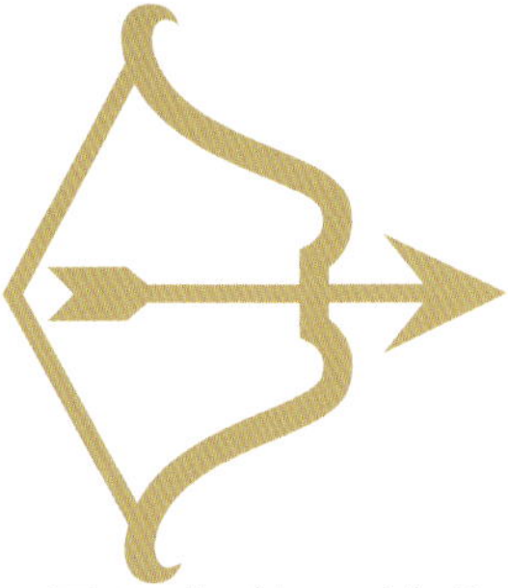

エロス／アモール／キューピッド
Eros/Amor or Cupid

幼い有翼の、愛と欲望の神エロス／アモール／キューピッドは、ルネサンスの画家たちに多大なインスピレーションを与え、彼を描いた絵は、特別にプッティまたはアモレッティと呼ばれるようになった。弓矢を構えた姿で描かれることが多いが、その矢はいうまでもなく、恋の炎に火をつけるためのものである。彼はまた、目隠しをされていたり（なぜなら恋は盲目だから）、燃え盛るたいまつ（燃える熱情を象徴）を手にしていることもある。

メドゥーサ
Medusa

ギリシャ神話によると、メドゥーサはゴルゴン３姉妹の１人で、髪の毛はすべて蛇で、その目で見られた人は石に変わるという。ペルセウスによって自分の鏡像を見るように仕向けられたメドゥーサは、彼に首を切られ、その首はアテナの盾、アイギスに嵌め込まれた。その盾をシンボル化したものがゴルゴネイオンで、邪悪なものを追い払う力があると信じられていた。

ディオニュソス／バッカス
Dionysus/Bacchus

葡萄の実や葉を身につけていることで識別されるギリシャ－ローマのワインと豊穣の神、ディオニュソス／バッカスは、時にオリンポス12神の１人に数えられることもある。彼の第１の持物は、テュルソスと呼ばれる葡萄の蔓や葉の巻きついた、先端に松かさのある杖だが、それは男根のシンボルでもある。

キュベレー
Cybele

元々はフリギア人の女神であったキュベレーは、古代ローマでは、マグナ・マーテル（「太母神」）として人々の信仰を集めた。そのため彼女は、小塔の飾りのたくさんついた王冠を戴き、ライオンを侍らせた姿で描かれていることがある。彼女の獰猛さを象徴するライオンが、彼女の戦車を引いていることもある。

ギリシャ－ローマ神話のヒーロー & ヒロイン

Graeco-Roman heroes & heroines

p.17「英雄」
p.13「クモ」
も参照。

ギリシャ－ローマの神話は、伝説的な英雄の物語にあふれているが、なかでも最も興奮させられるのがヘラクレス／ヘールクレースの12の功業であろう。彼は、時代を超えて描かれ続けた英雄であるが、それはこのような元型的人物と、彼が直面し克服した困難が、人間にとって本質的なものであり、芸術家の霊感を刺激してやまないからであろう。その他、絶体絶命の危機に直面し、それに勝利して生還した姿を描かれている英雄に、テセウス、ペルセウス、そしてイアソンとアルゴー船の勇者などがいる。これらの物語では、ヒロインは付随的な役割しか与えられていないが、アラクネやダフネの物語も、やはり人間の本質に迫る象徴的な内容に満ちており、それを描いた絵画は人類全体の遺産として永く受け継がれる価値を持つものである。

アポロンとダフネ Apollo and Daphne

アポロンが、ようやくダフネを抱き止めることができた場面。しかしその時すでに、ダフネは月桂樹に姿を変えつつあった。アポロンはルネサンス時代の王子の服装をしている。イタリアの画家アントニオ・デル・ポッライオーロ（1432頃-98）作、『アポロンとダフネ』。

ヘラクレス／ヘールクレース
Herakles/Hercules

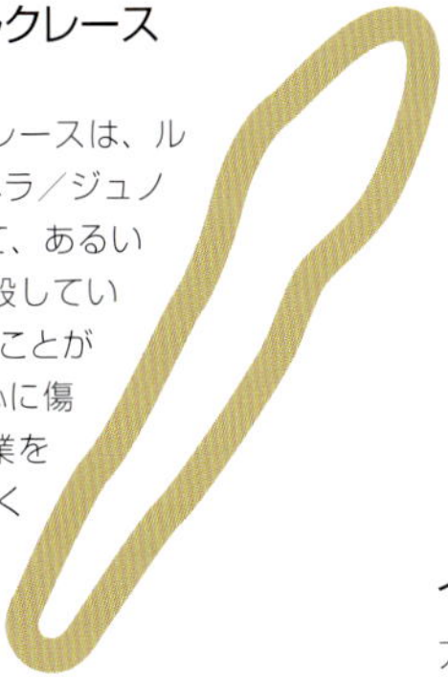

ヘラクレス／ヘールクレースは、ルネサンス初期の頃は、ヘラ／ジュノの乳を吸う赤ん坊として、あるいは2匹の蛇を手で絞め殺している赤ん坊として描かれることが多かったが、やがて、心に傷を負う成人となって功業をなす英雄の姿の方が多く描かれるようになった。その時の彼の持物として代表的なものは、棍棒と、闘う時に常に身にまとったライオンの毛皮（ネメア）である。

ダフネ Jason

美しいダフネは、アポロン／アポロの激情を駆り立てたが、彼の執拗な求愛を逃れるために、河の神である父に自らの姿を変えてくれと頼んだ。こうして彼女は、アポロンに抱きしめられる寸前に月桂樹に姿を変えた。今日でも月桂樹はダフネの化身と考えられ、またアポロンは、彼女を偲んで月桂冠をかぶるようになった。

イアソン Daphne

アルゴー船に乗り組む勇者の隊長であったイアソンは、長いブロンドの髪をなびかせ、ヒョウの毛皮を身にまとっている姿で描かれることが多い。しかし彼の代表的な持物は黄金の羊の毛皮である。その毛皮をコルキスから持ち返り、王位に就くために、彼はアルゴー船を仕立て、英雄的な旅に出たのだった。

アラクネ Arachne

ギリシャ神話によると、アラクネは世界中の機織り娘の中で一番才能に恵まれた女性であったが、自分の腕前がアテナ／ミネルヴァ以上だということを自慢しようとして彼女の逆鱗に触れ、クモに姿を変えられた。こうしてクモとクモの巣は、創造的な女性であるアラクネの象徴となった。

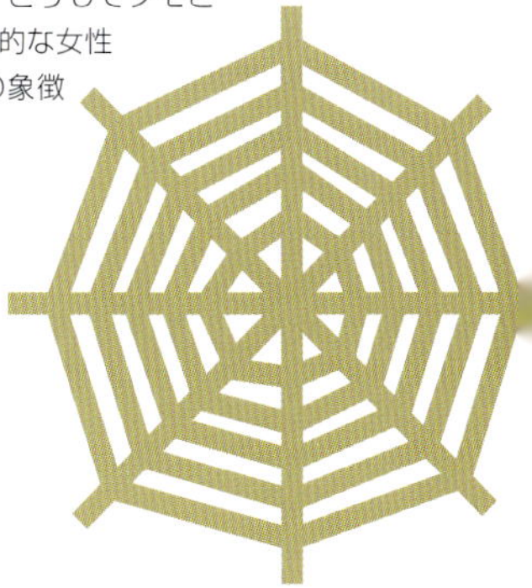

ケルトの神々と宗教的シンボル
Celtic deities & sacred symbols

p.196「ラテン十字」も参照

自然界との濃密な関係が、ケルト美術の最大の特徴である。たとえば精巧な装飾を施したラ・テーヌ様式の金の装飾品や青銅器具には、美しい流れるような植物文様が刻まれているが、その文様はまさにケルト美術の真髄である。その植物文様は、三女神や角のある神々と同じく、豊穣を象徴するものと考えられている。しかしケルト特有の三組神が、誕生、生、死を表すように、死と冥界を象徴するものとして、この好戦的な民族から崇拝された女神もいた。動物も死と冥界を象徴するものとして描かれることが多く、円環も、太陽車輪と永遠を象徴する形として多用された。

ケルト十字
Celtic cross

十字架の４本の腕の上に円環を重ねたケルト十字は、ヨーロッパ（特にアイルランド）に点在していたケルト人の間にキリスト教が広まっていく過程で生まれたものである。とはいえその原型はそれ以前にも存在しており、太陽車輪、宇宙、４方位を表すケルト文化のシンボルであった。

聖なる車輪と十字架
Sacred wheel and cross

ブリテン島から多く出土したケルト十字は、ケルト文化とキリスト教の両方のシンボルを合体したもので、民族固有の宗教とキリスト教が深く習合したものとして他に例を見ない。石に刻まれた、始まりも終わりもない結び目文様は、これもまたケルト独特のものである。

ケルヌンノス Cernunnos

「角のある神」ケルヌンノスは、豊穣の神の化身の1つと考えられている。というのも彼は『グンデストルップの大釜』の中心に位置し、牡鹿の角を持つ、さまざまな動物に囲まれた姿で描かれているからである。彼の持物の1つである牡鹿は、男性の生殖能力を象徴し、またその樹木のような角は毎年生え換わることから、再生を象徴する。

エポナ Epona

ケルトの人々に崇められた馬の神はたくさんいるが、最も崇敬された神が、1頭または2頭の馬を連れて描かれる女神エポナであろう。馬のように繁殖能力の高い女神と考えられていたエポナは、また埋葬の場面でも登場するが、それは彼女が、馬の背に死者を乗せて冥界へ連れていくと考えられていたからである。

マトロナエ／デアエ・マトレス Matronae or deae matres

マトロナエまたはデアエ・マトレス（ラテン語で複数の母、母神を表す）と刻まれたローマ－ケルト時代の石像やレリーフが多く出土している。その三体の女神は、幼児、果物、パン、トウモロコシなど、大地の豊かさを象徴する豊穣のシンボルを手に抱えて座っている。

戦争の女神たち War goddesses

漆黒の羽根をした、屍肉を好む、それゆえ戦場に群がるカラスは、死を連想させ、そのぞっとする鳴き声は凶事を予言すると考えられていた。そこからカラスは、数多くいるケルトの戦争の女神――アイルランドの戦争の三女神、マッハ、バズヴ、モリガンなど――の化身とされた。

ノルド人の宗教的シンボル
Norse sacred symbols

p.9「**樹**」
p.229「**ペガサス**」
も参照

ノルド神話の中心には、世界樹または宇宙樹と呼ばれるユグドラシルがある。ユグドラシルは、神々（アース）の住むアースガルズ、人間の住むミズガルズ、地下世界のニブルヘイムなど９つの世界を包み込んでいる。オーディンに率いられたアースの神族は、豊穣の神族であるヴァン神族と同盟を結ぶことができたが、無数の敵対勢力と戦わなければならなかった。その中には、トリックスターのロキも含まれていた。しかし最終的に彼らは、黙示録的なラグナロクの戦いで滅ぼされることになると予言されている。自然と戦争を賛美するノルド神話の傾向は、青銅器や鉄器、絵画石碑などに描かれている様式化された植物や動物の絵、そして戦闘場面に濃密に刻印されている。

神馬
Supernatural steed

ギャロップで疾駆していることを示す８本の脚が、この馬がスレイプニルであることを如実に示している。だとすれば、その上にまたがるのは、ノルドのアース神族の王オーディンであろう（ゴートランド島の絵画石碑、スウェーデン、９世紀頃）。

ユグドラシル
Yggdrasil

ノルド宇宙の９つの世界は、ユグドラシルと呼ばれる巨大なアッシュ（セイヨウトネリコ）の樹によって支えられている。その樹のまわりには、その樹皮を食べる４頭の牡鹿が棲み、樹の上には１羽の大鷲が翼を休めている。そしてその樹の根元には１匹の龍が横たわっている。守護と永遠なる命のシンボルであるユグドラシルは、ラグナロクの戦いでも枯れることはないであろう。

スレイプニル Sleipnir

ロキと牝馬スヴァルディルファリの子供であるスレイプニルは、成長して８本の脚を持つ芦毛の駿馬となり、オーディンの愛馬となった。ノルド人にとって馬は常に富と多産の象徴であり、スレイプニルは、馬の優れた特質を象徴するものとして尊崇された。スレイプニルは天国と地下世界の間を、迅速かつ滑らかに往き来することができた。

ゲリとフレキ Geri and Freki

２羽のワタリガラスと並んでオーディンに付き添う動物に、ゲリとフレキという名の２匹のオオカミがいる。凄まじい食欲（オーディンはヴァルハラへ帰還すると、彼の皿から彼らに食べ物を分け与えたと伝えられている）で知られるこの２匹のオオカミは、オーディンの指揮のもとにある勇猛果敢な戦士たち、それゆえ戦闘における勝利を象徴している。

グリンブルスティとヒルディスヴィニ
Gullinbursti and Hildisvini

ヴァン神族の兄妹フレイとフレイヤは、黄金色の剛毛を持つ２頭の雄豚グリンブルスティとヒルディスヴィニを乗り物にしていたと伝えられているが、雄豚はこの兄妹に代表されるヴァン神族の豊穣の象徴である。雄豚は強く攻撃的な動物で、ノルドの戦士たちは雄豚の形に似せた飾りを付けた兜をかぶっていたが、それはヴァン神族の御加護を願ったからであろう。

キリスト教の聖三位一体
The Christian Holy Trinity

p.19「三角形」
p.196「ラテン十字」
も参照

神の具象的な姿を図像化することを忌み嫌うユダヤ教の考え方を受け継ぎ、キリスト教の聖三位一体（神は父と子と聖霊が一体となったもの）は、当初はシンボル的に、三角形で表されることが多かった。三角形の中に、目または手が雲の合間から現れている図によって、父なる神を表すこともあった。また子なる神イエス・キリストを、その名前を綴ったギリシャ文字の略語で表すこともあった。聖霊は、白鳩や炎で表された。後に、『恵みの御座《Throne of Grace》』という表題で、父なる神が至高の支配者として玉座に腰掛け、磔刑の子なる神イエス・キリストを両腕で抱え、その頭上に白鳩が浮遊している構図で聖三位一体を表すことが多くなった。

恵みの御座 Throne of Grace

2人の天使にかしずかれて父なる神が玉座に座り、自ら進んで生贄となった磔刑の神の子を両手で抱えている。神なる聖霊を表す白鳩がキリストの頭上に浮遊している。

アルファとオメガ Alpha and Omega

「わたしはアルファであり、オメガである。初めであり、終わりである。」これは『新約聖書・ヨハネの黙示録』第21章6節の神の言葉であるが、ここからギリシャ語のアルファベットの最初と最後の2文字で神を表すようになった。絵画の中で、聖書であることを暗示するために、開かれた本の見開きにその2文字が書かれていることがある。

聖 霊 Holy Spirit

聖霊は多くの場合白鳩で象徴されるが、特に『受胎告知』と『キリストの洗礼』の2つの場面に描かれている白鳩がよく知られている。後者は『新約聖書・マルコの福音書』第1章10節に基づいている。「水の中から上がるとすぐ、天が裂けて"霊"が鳩のように御自分に降って来るのを、御覧になった。」

三つ葉模様 Trefoil

3匹の魚が絡み合っている図もそうであるが、キリスト教絵画では、三角形のモチーフは聖三位一体を表す。そのなかでも最もよく用いられているのが、三つ葉模様である。それはまた、聖パトリックがアイルランドの民衆に聖三位一体を説く時、シャムロック（シロツメクサ）の葉を用いたことにもつながっていく。ゴシック教会の窓にこの形が多く組み込まれている。

IHS IHS

「IHS」または「IHC」の文字（多くが巧妙に組み合わせている）が、教会の装飾やキリストに関係する絵画、あるいは紋章（イエズス会）の中によく見られるが、この標章は、イエス・キリストを表すギリシャ語の文字を組み合わせたもので、それゆえ神の子を象徴する。

キリストの降誕と受難
Jesus's Nativity & Crucifixion

p.21「王冠」
も参照

キリストの生涯の節目を表す場面は、中世、ルネサンス、対抗宗教改革の時代を問わず、絵画で特に好まれた主題であり、礼拝堂の祭壇、教会、修道院、さらには大聖堂、そして私邸に飾るものとして、画家のもとには、教会や公的施設からだけでなく、裕福で敬虔なパトロンからも、その場面を描いた絵画の注文が多く寄せられた。その中でも最も人気が高かったのが、ベツレヘムにおけるキリスト降誕とゴルゴダの丘での受難である。『新約聖書』の4つの福音書は、キリストの誕生と死にまつわる物語を詳細に記しているが、それらは画家たちに多くの霊感を与え、また画家たちはしばしば独自の想像をそれに加えて、物語に深みを与え、劇的な効果を高めた。ここにそのようなシンボル的な細部を紹介する。

東方の三博士 Magi

『マタイによる福音書』第2章1節には「イエスは、ヘロデ王の時代にユダヤのベツレヘムでお生まれになった。そのとき、占星術の学者たちが東の方からエルサレムに来て、」としか書かれていない。画家たちはそれを、年齢も顔色も違う3人の王冠をかぶった王で表した。彼らはそれぞれ、黄金（王権の象徴）、乳香（神性の象徴）、没薬（死の象徴）の贈り物を手にしている。

我らは来たりぬ
We three kings

東方の三博士が、生まれたばかりのイエス・キリストに崇敬の念を示しているところ（『東方三博士の礼拝』レオナルド・ディ・ブレッサノネ、1460、板に油絵具）。彼の絵では、幼子キリストの上に輝く星は、六芒星になっている。

INRI INRI

イエスの死の場面で、十字架の上にINRIの文字が掲げられていることがあるが、これはラテン語の*Iesu Nazarenus Rex Iudaeorum*（「ナザレのイエス、ユダヤ人の王」）の頭文字を表している。『ヨハネによる福音書』第19章20節には、それはギリシャ語とヘブライ語でも書かれてあったと記されている。

ベツレヘムの星 Star of Bethlehem

東方三博士をベツレヘムへ導いた「東方で見た星」（『マタイによる福音書』第２章９節）は、多くが生まれたばかりのイエスが横たわっている馬小屋の上に輝いている。その星は五芒星か八芒星で描かれることが多いが、それらはそれぞれ、東方の星《イースタンスター》または金星（明けの明星）を表している。

牡牛とロバ Ox and ass

『ルカによる福音書』には、幼子イエスは飼い葉桶に横たえられていたと書かれているが、牡牛とロバがそれを見つめていたとは書かれていない。それは『旧約聖書』の、「牛は飼い主を知り／ろばは主人の飼い葉桶を知っている。」（『イザヤ書』第１章３節）から発想されたものである。

受難の道具 Instruments of the Passion

『キリストの受難』の絵画には、しばしば「受難の道具（*arma Christi*）」が書かれている。キリストの手と足を貫いた釘、彼のわき腹を刺した槍、そして「十字架降下」に使われた梯子などである。

SACRED

処女マリア *The Virgin Mary*

p.123 **「蓮華」**
p.61 **「ロータス」**
も参照

キリスト教徒は女神は信仰しないが、キリストの聖母である処女マリアに厚い信仰を捧げる。処女マリアの生涯のエピソードを描いた絵画も多く、特に、寺院のマリア、マリアの結婚、永眠(死)、被昇天、戴冠が主題として好まれている。もちろん、イエスの降誕と受難の場面にも多く描かれている。マドンナ(イタリア語で「聖母」)の絵の中で最も美しいのは、『受胎告知』と『閉ざされた園(hortus conclusus)の幼子と聖母マリア』であろう。それらは彼女の『処女懐胎』を暗示している。同じく受難した我が子の亡骸を両腕で抱く『悲しみの聖母』の『ラ・ピエタ』も尊く美しい。

受胎告知 The Annunciation

荘厳な輝きを見せるこの『受胎告知』の祭壇画の中で、大天使ガブリエルと処女マリアの間にあって、見る人の目を最も惹きつけるのが、無垢のシンボルである美しい白百合である。威厳のある姿の神が、その印象深い場面を眼下に見下ろしている(『受胎告知』、マルティーノ・ディ・バルトロメオ、15世紀)。

白百合 White lily

白百合は聖母マリアの美しさと汚れなき純粋さ（白百合が挿されている花瓶が、イエスを身籠った子宮を表すとされることもある）のシンボルである。『受胎告知』で、大天使ガブリエルがそのうら若き処女にまもなく母親になることを告げる時、茎の長い白百合を杖のようにして抱えている場面もある。

聖母マリアの青色のマント
Mary's blue mantle

聖母マリアは多くの場合、青色のマントを羽織っているが、青色は、天、洗礼の水、信仰心、慈悲などの肯定的性質を象徴する。『恵み深き処女（ミゼリコルディア）』として描かれる時、彼女はそのマントで大勢の人をかばうように包んでいるが、それは彼女の守護性のシンボルである。

聖母マリアの王冠 Mary's crown

聖母マリアの王冠は、彼女が天国の女王であることを示している。また星の付いた王冠や光背は、彼女が『ヨハネの黙示録』第12章1節にある「星の冠をかぶった女」であること、さらには彼女が『処女懐胎』したことを象徴している。彼女はまた「海の星（*Stella Maris*）」でもある。

処女マリアの7つの悲しみ
Seven Sorrows of the Virgin Mary

7本の剣に貫かれた燃える心臓は、『処女マリアの7つの悲しみ（ドロローサ）』を象徴している。それはシメオンの預言にある、エジプトへの逃避、エルサレムで息子を亡くすこと、十字架を運ぶイエスを見ること、十字架の下に立つこと、イエスの亡骸を受け取ること、そして彼を葬ることなどである。

SACRED

キリスト教12使徒
Christianity's Twelve Apostles

p.211
「教皇の紋章」
も参照

最後の晩餐
Last Supper

この『最後の晩餐』の絵の中には、イスカリオテのユダを識別する手がかりが2つある。1つは背中に提げた銀貨の入った袋であり、もう1つは、光背がないことである。

使徒とは、キリスト教の教義を民衆に説くためにイエスによって選ばれた弟子を指す。彼らはイエスの生涯のさまざまな出来事を示す物語的な場面──特に『最後の晩餐』──に描かれ、またイエスの受難の後は、彼ら自身の殉教が描かれている。使徒の数は12名で変わらないが、途中からイスカリオテのユダに代わって、マティアが名を連ねる。すべて12使徒は、シンボル的な持物を有しており、次ページではそのうちの4人を、そして福音書記者でもあるマタイとヨハネをp.186-187で紹介する。残りの6人の使徒は、バルトロマイ、小ヤコブ、熱心党のシモン、トマス、ユダ(タダイ)、ピリポである。

聖ペテロ St Peter

聖ペテロは元は漁師であったことから、魚で象徴されることがある。雄鶏で示される時は、彼が一度、キリストの弟子であることを否定したことを暗示している。初代教皇としては、金と銀の鍵（天国の門の）または1個の石（ペテロという語は「石」を意味する）で象徴される。また特別に逆さ十字架に磔刑になったことから、それで象徴される。

聖大ヤコブ St James the Greater

スペインのサンティアゴ・デ・コンポステーラの聖堂には、聖大ヤコブの聖遺物が納められていることから、そこは重要な巡礼の地となり、その巡礼の目印が、今度は彼の持物となった。ホタテガイ、巡礼者の杖、帽子などである。

聖アンデレ St Andrew

兄のペテロと同じくかつて漁師であった聖アンデレは、魚網で象徴されることがある。しかし彼の持物としてもっとよく知られているのは、彼が磔刑になったX字型の十字架（サルタイアー十字または聖アンデレ十字と呼ばれる）である。

イスカリオテのユダ Judas Iscariot

イスカリオテのユダは、ゲッセマネの園で、イエスに接吻をしてその人がイエスであることを兵士に知らせ、裏切ったことで、その場面も多く描かれているが、やはり『最後の晩餐』で銀貨の袋を背中に提げている姿が最もよく描かれている。その他の持物としては、30枚の銀貨、黄色い外套、ロープなどがある。

SACRED

キリスト教4福音書記者
Christianity's Four Evangelists

p.184-5
「キリスト教12使徒」
p.197 **「子羊と旗」**
も参照

マタイ、マルコ、ルカ、ヨハネは、『新約聖書』の巻頭を飾る4福音書を残した聖人で、合わせて4福音書記者と呼ばれる。そのうちの2人、聖マタイと聖ヨハネは、キリストの弟子すなわち使徒であることから、イエスの死の前、そして後の彼ら自身の生涯が、多くの絵画の主題となっている。彼らは4人そろって、四角形の各頂点を占めるように描かれることが多く、また、それぞれの福音書であることを暗示する書物や経巻を抱えている動物(『旧約聖書・エゼキエル書』や『新約聖書・ヨハネの黙示録』に登場する動物)で表されることも多い。

福音書記者を表す4種の動物
Four beasts of the Evangelists

十字架で4分割された円の中に、ワシ、角のある牡牛、有翼の人間、有翼のライオンが、それぞれの福音書を抱えて描かれている。中央にいるのは、「神の子羊(アニュス・デイ)」である(カロリング朝彩色写本、9世紀、サンアマンド教会、フランス)。

聖マタイ St Matthew

福音書記者としての聖マタイに与えられたシンボルは、有翼の人間である。その理由は、彼の書いた福音書がイエスの人間性を強調しているからと推測されている。使徒としてのマタイは、金貨の袋（彼は徴税人であった）、あるいは槍と剣（彼の殉教の武器）で表される。

聖マルコ St Mark

聖マルコのシンボルは有翼のライオンであるが、彼の福音書とこの動物を結び付ける理由としては、彼の福音書がキリストの神性の威光に焦点を当てたものであり、ライオンが伝統的に野獣の王であることがあげられる（ヴェネツィアの紋章が有翼のライオンであるのは、十字軍が聖マルコの聖遺物をそこに持ちこんだことから）。

聖ルカ St Luke

有翼の牡牛が、聖ルカ（聖パウロの弟子）と彼の福音書のシンボルである。牡牛が彼のシンボルに選ばれたのは、それが古代の生贄の動物であり、ルカがキリストの死の生贄的な側面について多く語っているからだと考えられている。

聖ヨハネ St John

福音書記者聖ヨハネはワシで象徴されるが、それはキリストの昇天と、彼の福音書が信者の気持ちを高揚させることとがシンボル的に結び付けられたためと考えられている。使徒としてのヨハネは、『最後の晩餐』でキリストの隣に座り、そちらに身体を傾けた髭のない若者として、また十字架の傍に立ちすくんだ姿で描かれることが多い。蛇の巻きついた聖杯で象徴されることもある。

キリスト教聖人 *Christian saints*

p.113「宝壺」
p.197「子羊と旗」
も参照

キリスト教における聖人とは、その魂の高潔さで天国の場所を得た人のことをいう。聖人の中には、聖洗礼者ヨハネや聖マグダラのアリア、12 使徒、4 福音書記者など、イエスと同時代の人もいれば、キリスト教会の発展に命を捧げた人（教皇、主教、司祭、修道士、修道女など）、キリスト教の精神を貫き、教義と信者のために殉教した人などもいる。聖人を祀る教会や修道院のために、聖人個人が描かれる時もあれば、集合的に、天国で並んで、あるいは『聖母マリアと幼子の聖なる会話』の場面で、聖母子を囲むように描かれる時もある。

罪深い女から聖人へ
From sinner to saint

聖マグダラのマリアが、彼女の持物として最もよく知られている香油の壺を持ち掲げた姿で描かれている。かつて罪深い女であったことを示すように、彼女は多くの場合、長い巻き毛の髪をし、高価な衣服を身にまとった特徴的な姿で描かれる（祭壇屏風画、アラゴン画房、15 世紀）。

聖洗礼者ヨハネ
St John the Baptist

禁欲的な砂漠の住人であった聖洗礼者ヨハネは、髪と顎ひげを伸ばし放題にした姿で描かれ、首を刎ねられていない時、たとえばイエスに洗礼を授けている場面では、ラクダの毛皮を身につけている。彼の持物としては、彼が持っていたと思われる葦の十字架と子羊（イエスを表す）がよく知られている。

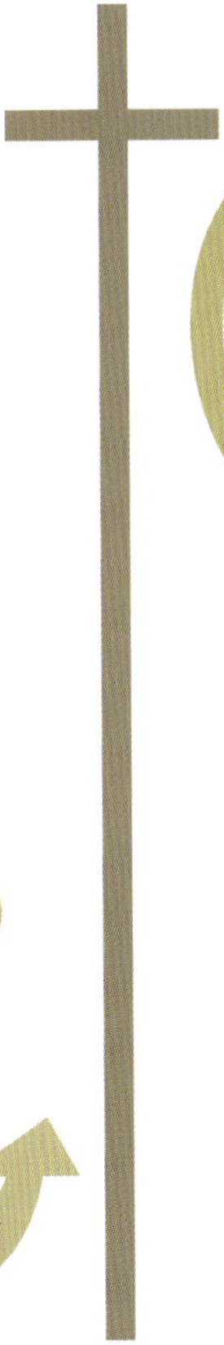

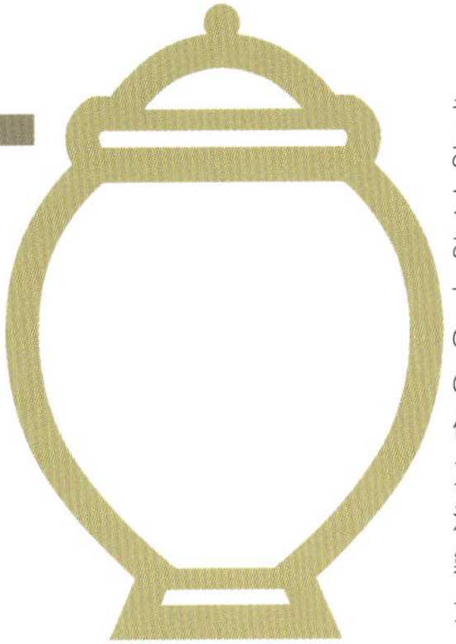

聖マグダラのマリア
St Mary Magdalene

ラザロとマルタの姉妹である聖マグダラのマリアは、かつて罪深い女であったが、悔悛した後、十字架降下したキリストの脚をその髪で拭い、その体に香油を塗った。高価な（多くが赤色の）ドレス、長い巻き毛の髪、香油の入ったアラバスター製の蓋のある壺などが彼女の持物である。

聖ニコラス St Nicholas

聖ニコラスは、殺害された３人の子供を生き返らせたことから、子供の守護聖人となっている。トルコ、ミュラの４世紀の主教で、船乗りを多く救助したことから、錨が彼のシンボルになっている。錨の上の３つの玉は、彼が、修道院に入るお金を持たなかった３人の娘に渡した金貨を象徴している。

聖ゲオルギウス St George

キリスト教のために殉死したローマ軍兵士の聖ゲオルギウスの持物はそう多くない。ある王女を龍――これも彼の持物であり、また悪魔の象徴でもある――から救ったときに身に着けていた甲冑、聖ゲオルギウスの十字（白地に赤い十字で勝利を象徴する）などである。

SACRED

キリスト教聖人 *Christian saints*

処女殉教者
Virginal martyrs

2人の聖女が殉教者の王冠を戴いている。左側が、下から顔をのぞかせている龍から、聖マーガレットであり、また右側が塔を支えていることから、聖バーバラであることがわかる（16世紀ドイツの祭壇屏風画）。

多くの聖人が、彼らに特別な信仰を捧げる信者を持っており、その聖人に対して格別深い精神的つながりを感じる個人や団体から依頼された多くの絵画が残されている。聖人と信者がこうした特別深いつながりで結ばれているのは、その聖人が自分たちの代理（特に聖人がある種の病気とつながりのある場合）として神に願いを届けてくれると信じているため、あるいは多くの教会が、ある特別な聖人を祀るために建てられているからであろう。また聖人自身が設立した修道院や修道女院もあるし、聖人がある国家、都市、社会的団体、職業、専門、病気の守護聖人となっている場合もある。

聖ユースタスと聖ユベール

St Eustace and St Hubert

それぞれベルギー、リエージュの守護聖人である聖ユースタスと聖ユベールは、大きな角の間に十字架を立てた１頭の牡鹿によって象徴される。その時、その動物がキリストの化身であるということが暗示されている。彼らは猟をしている時にこの奇妙な姿をしたシカに会い、それがきっかけでキリスト教に改宗したと伝えられている。

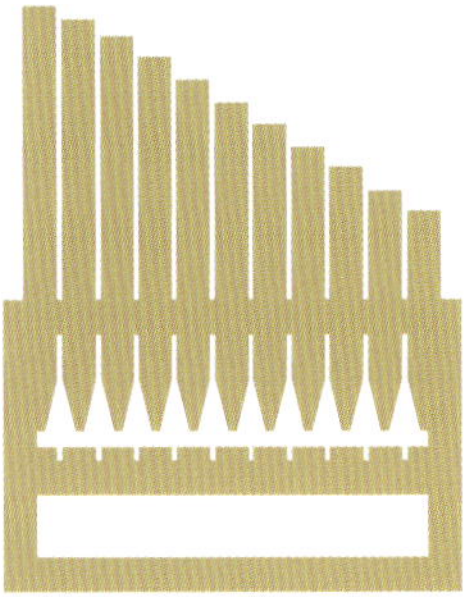

聖セシリア St Cecilia

ルネサンス絵画で聖セシリアは、音階を出すためのパイプと鍵盤からなる、持ち運びのできるオルガンを弾いている姿で描かれている。音楽の守護聖人であるその物憂げな若き乙女は、神への忠誠をオルガンの伴奏で静かに歌っていたと伝えられている。

聖バーバラ St Barbara

聖バーバラの持物は塔、それも３つの窓（聖三位一体を象徴する）のある塔であるが、それは彼女が異教徒の父から幽閉されていた建物を表している。その父が雷に打たれて死んだことから、彼女は危険な職業についている労働者、たとえば鉱山労働者、火薬取扱者などの守護聖人となっている。

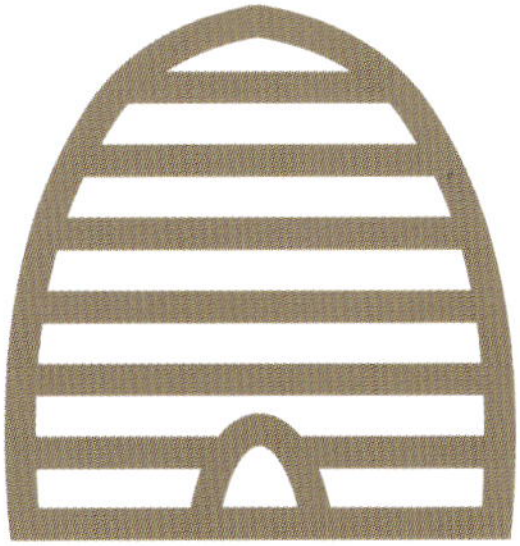

聖アンブローズ・聖ヨハネス・クリュソストムス・聖クレルヴォーのベルナルドゥス

St Ambrose, St John Chrysostom and St Bernard of Clairvaux

養蜂箱がこの３聖人（聖アンブローズはミラノ主教、聖ヨハネス・クリュソストムスはコンスタンティノープルの大主教、聖クレルヴォーのベルナルドゥスはシトー修道会の大修道院長）に共通する持物であるが、それは彼らの説教の語り口が蜂蜜のように甘いことで有名だったからである。

SACRED

キリスト教殉教者
Christian martyrs

p.43「**運命の車輪**」
p.115「**八輻の車輪**」
も参照

聖人の中で殉教者と呼ばれる者は、信仰を放棄することよりも死を選んだ者を指す。殉教者の多くが、聞くだけで身震いするほどの残虐な方法で死に至らしめられたことから（そしてその方法が口伝に広がっていくことによって）、それに使われた道具が殉教者の持物となり、多くの殉教者が、責め具によって象徴されることになった。『諸聖人』あるいは『神の国（Civitas Dei）』を描いた絵画の中で、殉教聖人が特別な王冠を戴き、ヤシの枝を手にしているのは、彼らの死に対する勝利を象徴するためである。

本来の『カタリナの車輪』
The original
Catherine wheel

この絵では、アレクサンドリアの聖カタリナが残虐な方法で死刑にされている。『4聖人の歴史』（グイダ・デ・シエナ画房、1280）の中の1葉。小刀の付いた車輪が彼女の体を切り刻み、血が滴っている。こうしてこの死刑の道具が彼女のシンボルとなった。

聖ウルスラと聖セバスティアヌス
St Ursula and St Sebastian

矢が、聖ウルスラと聖セバスティアヌスに共通する持物である。ウルスラは（彼女の処女の付き人たちと共に）、フン族の首長の放った１本の矢で射殺され、またセバスティアヌスは、ローマ軍の射手の標的にされたのち、棍棒で殴り殺された。

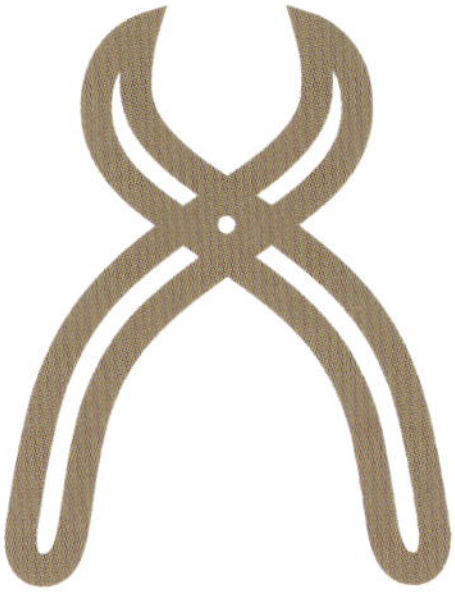

聖アガタ St Agatha

シチリア島の乙女アガタは、キリスト教に身を捧げていたが、ローマの執政官であったクインチニアヌスの求愛を拒んだことで拷問にかけられ、最後は両乳房を切り取られた。こうして、拷問に使われたヤットコと大皿に載せられた２つの乳房が、彼女の持物となった。

アレクサンドリアの聖カタリナ
Palm branch

アレクサンドリアの乙女カタリナは、ローマ皇帝アクセンティウスの求愛を退けたことで、彼から死刑を言い渡された。当初彼女に対して、釘または小刀の付いた車輪で切り刻む刑が命ぜられたが、天使がその車輪を破壊したため、最終的に剣により斬首された。

ヤシの枝 St Catherine of Alexandria

古代ローマでは、ヤシの枝は勝利のシンボルであった（おそらくそれが太陽のシンボルであったからであろう）。しかしそれはキリスト教徒の間では、迫害者に対する勝利のシンボルとなり、ローマ時代の初期キリスト教において、死に対する勝利を象徴するようになった。こうしてヤシの枝は、キリスト教殉教者に共通する持物となった。

キリスト教の天使

Christian angels

p.27
「天使」
p.205
「正義（ジュスチア）」
も参照

ユダヤ教の『旧約聖書』に起源を有しているにもかかわらず、キリスト教絵画では頻繁に天使たちが登場する。神の玉座に控える天使には9階級があるといわれている。最初の上位3隊（カウンセラー）が、セラフィム、ケルビム、スローンズ、次の中位3隊（ガヴァナー）が、ドミニオンズ、ヴァーチュズ、パワーズ、その次の下位3隊（メッセンジャーズ）が、プリンスダム（プリンシパリティーズ）、アークエンジェル、エンジェルである。絵画で、彼らが神の玉座のまわりにいる時は、音楽を奏でている場面が多いが、それは調和を象徴し、またアークエンジェルやエンジェルが地上にある時は、神の伝令として、あるいは神の正義と守護の担い手として活躍することが多い。アークエンジェルは通常3体だけが描かれる。ガブリエル（受胎告知の場面に登場）、ミカエル、ラファエルである。

緋色の天使 Scarlet seraphim

ここに描かれている天使は、それぞれ2枚しか翼を持っていないが、その鮮やかな緋色から、玉座に座る子なる神――キリスト――を囲んでいる天使たちがセラフィムであることが分かる（イタリア、チーア教会の三連祭壇画、15世紀）。

セラフィム、ケルビム、ケルブス
Seraphim, cherubim and cherubs

セラフィムとケルビムは神の叡智を象徴するが、彼らは神の近くにいて、顔を６枚の翼で覆うようにして描かれる。セラフィムは緋色をし、ケルビムは青色をしているが、それはそれぞれが昼と夜に関係があることを示している。子供の姿をした天使、ケルブス（プッティまたはアモレッティ）は、ギリシャ－ローマ神話のエロス／アモール／キューピッドをキリスト教的に受け継いで、創造されたものと考えられる。

ラファエル St Michael

アークエンジェルのラファエルは、治癒と守護をつかさどり、『旧約聖書外典』内の『トビト記』に題材を取った絵画でよく描かれている——たとえばトビトの息子トビアスの旅の伴侶として。彼の持物は、金貨の袋、水筒、巡礼者の杖、魚、そして軟膏の入った小箱などである。

聖ミカエル Raphael

聖ミカエルは、神の意志を遂行する（たとえばアダムとイヴを楽園から追放した）アークエンジェル戦士であり、正義が行われるために戦う。絵画ではたいてい甲冑を身につけ、剣を手にしている姿か、最後の審判で、蘇った死者を天国と地獄のどちらへ行かせるかを決定する天秤を持つ姿で描かれる。

エンジェル Angels

光、善、美の精霊的存在であるエンジェルは、美しい清らかな顔をし、さらに身体から光を放射したり、輝く光背を戴いていたりする。柔らかな羽根で出来た翼は、彼らが天の存在であること、また神の意志を伝える伝令の役目を果たすことを象徴している。

キリスト教の信仰シンボル
Christian sacred symbols

p.181「受難の道具」
も参照

キリスト教のシンボルとしてよく目にするものの中には、最古の時代から使われてきたシンボルが多い。たとえば、美しい曲線で描かれた魚のマークは、キリスト教信者が迫害されていた紀元1世紀までさかのぼることができ、ローマ時代のカタコンベに密かにこのシンボルが刻まれているのが多く発見されている。またキリスト教をキー・ローで象徴する方法は、今のところ紀元312年までさかのぼることができる。十字架が最も一般的なシンボルとなったのは、そのおよそ1世紀後のことである。十字架はキリスト教の究極のシンボルであるが、他のシンボル――子羊と旗、聖なる心臓など――も、どれも人間を救済するためのキリストの愛と自己犠牲を強く暗示するものばかりである。

ラテン十字
Latin cross

十字は、キリストが磔刑にされ受難した十字架を表し、キリスト教の最高位のシンボルである。多くの形があるが、上のラテン十字が最も一般的な形で、西洋の教会の平面図も、多くがこの形を基にしている。

古代の信仰表現
Ancient expressions of faith

4-5世紀に彫られた十字架と魚――それぞれキリスト教とキリストのシンボル――の石のレリーフ。エジプトの古代都市ヘルモンティス（エルマントまたはアーマントともいう）のコプト教会の遺跡から出土。

キー・ロー Chi-rho

その名前キー・ローが示すように、クリスモン、クリストグラム、キリストのモノグラムとも呼ばれるこのシンボルは、ギリシャ語のアルファベットの２文字、chi（X）と rho（P）から成り立っている。この２文字は、ギリシャ語でキリストを表した場合の最初の２文字にあたる。この記号は、コンスタンティヌス１世率いるローマ軍の軍旗の紋章として使われた。

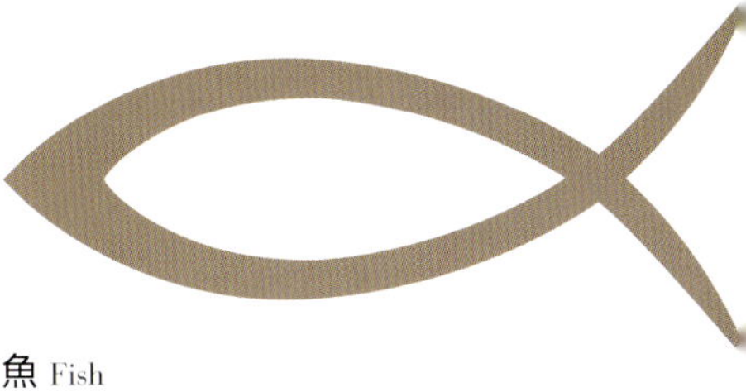

魚 Fish

魚がキリストとキリスト教会のシンボルとなった１つの理由として、魚が最後の晩餐と聖体拝領を暗示するということが挙げられている。もう１つの理由としては、ギリシャ語で魚を表す *ichthys* が、*Iesous Christos, Theou Yios, Soter*（イエス・キリスト、神の子、救い主）の各単語の先頭の文字を組み合わせた折句ということが挙げられている。

子羊と旗 Lamb and flag

キリスト教絵画では、子羊はキリストの象徴である。それは彼が人間を救済するために自らを生贄として神に捧げたこと、そしてユダヤ教の過ぎ越しの祭りの最初の日に生贄として捧げられる子羊と同一視されたことを象徴している。神の子羊（アニュス・デイ）としてこの羊は、勝利と復活の旗を掲げて描かれることが多い。

聖なる心臓 Sacred heart

荊の冠で縛られ、上から炎を出して燃え、そして時に釘で貫かれている（それは受難の道具に数えられている）こともある心臓の絵は、人間に対するキリストの燃えるような愛を象徴すると同時に、彼が人間の罪を贖うために行った凄絶な自己犠牲を象徴する。

SACRED

キリスト教の神聖のシンボル
Christian symbols of sanctity

p.21「王冠」
p.239
「ワンジーナの精霊」
も参照

キリスト教絵画で、神聖さや聖人を表すための最もわかりやすいシンボルとして後光や光背が使われるようになったのは、5世紀頃からである。普通、金色の光り輝く円盤あるいは輪の形をし、聖人の後頭部を囲むように、あるいはその頭上に浮かぶように描かれる。光背の最も単純な形は、飾りのないただの輪であるが、それが描かれるようになった起源は、雲の切れ間から射す太陽光、あるいはほぼ光背に似た形で描かれているギリシャ－ローマの太陽神、ヘリオス／ソールやアポロン／アポロの王冠と考えられる。その後時代を経るなかで、微妙に違うシンボル体系を持った、三角形、十字型、正方形などのさまざまな形の光背が生まれてきた。

天国の光背 Heavenly haloes

イタリアの画家パウロ・ナウリツィオが16世紀に描いた『聖母マリアと聖人の戴冠式』では、三種類の光背が見られる。上左の人物の光背は、図案化された十字型を含んでおり、それがキリストであることがわかる。その反対側の三角形の光背は、父なる神の栄光を表している。下の諸聖人は、単純な円形の光背によって照らされている。

円形の光背 Round halo

最初、キリストと神の子羊だけが円の光背――天を象徴する――で他と区別されていたが、その後天使と聖人の持物として、後頭部を囲む光る円盤の形、あるいは頭上に斜めに浮かぶ金色の輪の形で描かれるようになった。

三角形の光背 Triangular halo

三角形の光背は、その３つの頂点で聖三位一体（父なる神、子なる神、聖霊なる神）を表す。幼子イエス（子なる神）の頭上にこの三角形の光背が輝いていることもあるが、それ以外は、三角形の光背は神だけが身につけているものである。

十字型の光背 Cruciform halo

十字はキリスト教を象徴するが、十字架の上で受難したのはイエス・キリストであることから、キリスト教絵画では基本的に、円の中に十字の形を含む光背は、イエスに固有のものである。とはいえ、父なる神の光背がそうなっている場合も時々見られる。

正方形の光背 Square halo

正方形は地上を示すことから、ある個人が正方形の光背を身につけている場合は、多くが、その絵が描かれた当時その人物が生きていたことを表している。正方形の光背は、その人物が聖人であることを示し、教皇の肖像画に最も多く見られる。

SACRED

キリスト教の神聖と堕落のシンボル
Christian symbols of sanctity & damnation

p.56
「心臓の重さを計る儀式」
p.195「聖ミカエル」
も参照

一方における神聖と救済、他方における邪悪と堕落、キリスト教におけるこれら２つの概念は、それぞれがイエスと天使、サタンと地獄のデーモンに代表され、まったく相容れない正反対のものとして対立している。また金色の光輪、光背、優美な翼が神聖なる善の力を象徴するのに対して、山羊の角や臀部、蛇の尻尾、羽毛のないコウモリの翼が、邪悪さの怪物的表象の特徴となる。両者は、『キリストの誘惑』や『四終(死、最後の審判、天国、地獄)』の絵画で、鮮烈な対照として非常に具象的に描かれている。

最後の審判 The Last Judgement

堕落と神聖の対立が、これ以上にないほど明確に表現されている（バル・デ・リベス教会、の祭壇屏風画『聖ミカエルによる最後の審判』、スペイン、13世紀）。聖ミカエルの持つ天秤で、左側の悪魔たちに支えられた堕落した魂が、善意に満ちた神聖な魂と計量されている。

光輪とマンドルラ
Aureole
and mandorla

光輪――体全体を包む雲のような光背――は、*vesica piscis*（ヴェシカ・パイシス、ラテン語で「魚の浮き袋」を意味する）とも呼ばれ、また様式化されたアーモンド形の光輪は、マンドルラと呼ばれる。これらは神の権威を示すシンボルで、『昇天』や『変容』のキリストの体を、そして『被昇天』の聖処女マリアの体を包む形で描かれることが多い。

サタン Satan

サタンやデヴィルは邪悪が具現化したものである。サタンは変装の名人であるが、その合成された体――たいていは、山羊の角と脚、堕天使の翼、鉤爪と割れたひずめ、不気味な尻尾――からは、醜悪なにおいが立ち込めている。龍や蛇、バシリスクも彼の化身である。

バシリスク Basilisk

中世の絵画では、怪獣バシリスクはサタンの化身であり、さまざまな罪を意味する。一般に、雄鶏の頭と肢、コウモリの翼、龍または蛇の胴体をし、尻尾の先にもう１つの頭がある。バシリスクの目で睨まれると、人は死に至るといわれている。

デーモンとインプ
Demons and imps

デーモンとインプは地獄の生き物で、よく働くサタンの召使いである。主人の体によく似ているが、彼よりもかなり小さい。黒い皮膚、角、鉤爪の出た手足、先端が矢のようになった尻尾などが特徴である。

キリスト教の七つの大罪
Christianity's Seven Deadly Sins

p.87
「クマの爪のある手」
も参照

　6世紀にグレゴリウス1世によって初めて定められた七つの大罪(罪源ともいう)は、それに溺れる者が、ついにはサタンの召使いであるインプたちの手によって永遠の堕落、終わりなき地獄の苦しみに落とし込められることになる道徳的な罪である。その七つの罪とは、色欲(以下ラテン語でルクスリア)、暴食(グラ)、強欲(アワリティア)、怠惰(アケディアまたはピグリティア)、憤怒(イラ)、嫉妬(インウィディア)、傲慢(スペルビア)である。その7つの大罪は、中世やルネサンスの絵画で、しばしば寓意画的な人物(多くが女性で、角を生やしていることもある)で表された。

強欲(アワリティア)
Avarice (*Avaritia*)

「強欲」の第1の持物は貨幣であり、金貨または金貨袋で象徴される。宝石箱(あるいはその鍵)も富への盲目的な欲望を象徴するが、目隠しでさらにそれが強調されることもある。「強欲」がハゲタカなどの猛禽類で表されることもあるが、それらは人の屍肉を食べる生き物である。

「貞節」が「色欲」を制す
Chastity
vanquishes Lust

凛とした姿で色欲を見下ろす「貞節」。「色欲」は煽情的な赤い服をだらしなく着て、好色な山羊にまたがっている。「貞節」はその山羊をひざまずかせている(16世紀)。

色欲（ルクスリア）
Lust (*Luxuria* or *Libido*)

「色欲」は、その体を包む情欲の炎や、連れている動物で表される。山羊などの動物（その他、牡牛、クマ、ブタ、雄鶏、ハト、ウサギなども）も、抑制の利かない欲情の象徴としてよく描かれる。

憤怒（イラ）
Wrath (*Ira*)

「憤怒は」、怒りで武器を振り回す人物で表されることが多く、時に１度に３本の矢に火をつけようとしている姿で描かれることもある。攻撃的で凶暴な動物で表されることもあり、その中では、クマやライオン、オオカミがもっとも多く描かれている。

暴食（グラ）
Gluttony (*Gula*)

ゴフゴフと大きな音を立てて食べるブタによって「暴食」を表すのは、至極自然なことである。そのため「暴食」は、ブタの上にまたがる肥満した人物として戯画化されることが多く、また見るからに強欲そうなオオカミやクマで表されることもある。

怠惰（アケディアまたはピグリティア）
Sloth (*Acedia* or *Pigritia*)

「怠惰」は一般に、カタツムリのような緩慢な動きしかできない生き物や、怠け者でぐずぐずしているように思われる動物（ロバ、ブタ、牡牛など）の傍にいる人物で表される。カードやドラフトなどの時間を浪費するゲームも、「怠惰」を象徴する。

嫉妬（インウィディア）
Envy (*Invidia*)

「嫉妬」は、蛇のような長い巻き毛の髪のやつれた女で表されることが多く、片手に毒を持つ蛇を掴み、もう一方の手で掴んだ心臓や内臓を貪り食っている。「嫉妬」はたいてい、歯を剥いて唸っている痩せイヌやサソリに付き添われている。

傲慢（スペルビア）
Pride (*Superbia*)

中世では、「傲慢」はよく落馬した人物で表された――「驕れるものは久しからず」。その後、孔雀やライオン、ワシなどの自己顕示欲が強いと思われている動物を従え、手鏡やトランペットを持つ人物で戯画化されることが多くなった。

キリスト教の七つの美徳

The Seven Christian Virtues

中世の宗教画では、キリスト教の美徳を、さまざまな悪徳を足元に押さえつけている、あるいはそれらを打ち負かしている女性で表すことが多く、悪に対する善の勝利を高らかに謳い上げていた。その中でも特によく描かれたのが七つの美徳で、七つの大罪の対極にあるもとして称揚された。そのうちの4つは、枢要徳としてさらに区別された。賢慮（プルデンティア）、正義(ジュスチシア)、剛毅(フォルティツード) 節制（テンペランチア)。これらはすべてプラトンが『国家』の中で名付けたもので、理想的な市民が持つべき徳として定義された。残りの3つは、信仰(フィデス)、希望(スペース)、愛徳(カリタス)で、それらは聖パウロによって定義された神学的な徳である。

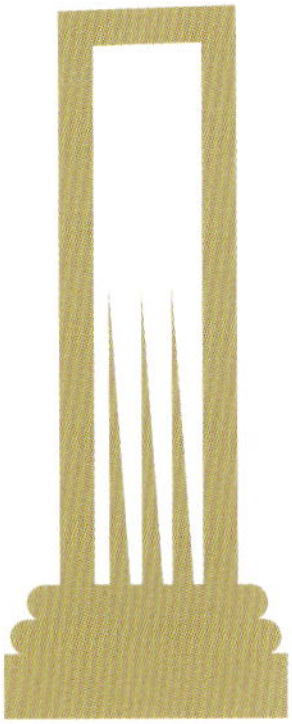

剛毅（フォルティツード）

Fortitude (*Fortitudo*)

「剛毅」はギリシャ－ローマの英雄、ヘラクレス／ヘールクレースの持物の棍棒のような武器を振りかざす、兜をかぶった女性戦士の姿で描かれることが多い。彼女はまた、彼と同じように、ライオンの毛皮を着ていることもある。「剛毅」は大きな柱の傍に立つ姿で描かれることも多いが、それは『旧約聖書』のサムソンを連想させるためであろう。

遠近法で描かれた「賢慮」

Prudence in perspective

見事な遠近法によって、まさにそこに実在するかのように「賢慮」の寓意画が描かれている。アントニオ・デル・ポライウォーロ（1432-98)、ピエロ・デル・ポライウォーロ(1443-96) 兄弟作、イタリア。彼女は右手に手鏡、左手に蛇を持っている。

賢慮（プルデンティア）
Prudence (*Prudentia*)

「賢慮」は、３つの頭を持った女性の姿で描かれることがあるが、それらは記憶、智慧、予見を表す。片手の手で１匹または数匹の蛇を握り、もう一方の手に握った手鏡を見つめている姿も多い。その他、書物、コンパス、ふるい、牡鹿も彼女の持物である。

正義（ジュスチシア）
Justice (*Justitia*)

「正義」の女性像は、目隠しをして、片手に剣、もう一方の手に天秤を持っている姿で描かれることが多い。その他の持物としては、ライオン、地球儀、直角定規、コンパス、そして古代ローマの束桿《そつかん》（斧を巻いて縛った棒の束）などがある。

節制（テンペランチア）
Temperance (*Temperantia*)

「節制」は、鞘におさめられた剣、馬勒、たいまつ、時計などの多くの持物を有しているが、最も多く描かれているのは、一方の壺から別の壺へ水を注いでいる姿である。それは彼女が壺のワインを水で薄めていることを表している。

信仰·希望·愛徳（フィデス、スペース、カリタス）
Faith, Hope and Charity
(*Fides, Spes et Caritas*)

信仰·希望·愛徳は、３つ合わせて、十字架·錨·ハート型で表されることが多い。信仰が聖杯で、希望が船・カラス・花で、愛徳が心臓・炎・果実・幼児・ペリカンで表されることもある。

イギリス、出産順位と性別の紋章シンボル

British heraldic symbols of birth order & sex

p.33
「ヨーロッパの紋章盾」
p.33 **「騎士の拍車」**
も参照

紋章の使用に関する極めて厳密な体系であるイギリス（およびヨーロッパ）紋章学の起源は、中世にあるが、その時代、戦場において味方の騎士、部下、そして敵を識別することは、騎士にとって生死を決する最重要の問題であった。このような理由から、男性の紋章は盾形（女性の場合は、菱形のロズンジ）になり、そこに必ず紋章シンボル（紋章記述の言語“ブレイゾン”中の“チャージ”と呼ばれる）が置かれるのである。また種々の武具を意匠化した徽章が紋章になっていく過程で、“ブリジュア”（ケイデンシー：「家系」を示す記号で、そのうちの３つを次ページで紹介）によって、それを持つ騎士の、家系内における地位を表す必要が生まれたのである。

紋章鑑　Roll of arms

長男であることを示すレイブルが、中段のヨークシャー公の徽章、盾（シールド）、クレストの並びの左端の紋章の上部に見られる。これは上級の紋章官（キング・オブ・アームズ）であるウィリアム・バラードが1483年頃に写本の形で記録したものである。

クレセント Crescent

紋章学におけるクレセント（三日月の形で、両方の“角”が上を向いている）は、一家の次男であることを表す。このブリジュアは、その同類と同じく、シールドの中央近く、上端より少し下に置かれる。

ミューレット Mullet

三男のシンボルであるミューレットは、シールドの上端中央に置かれる。ミューレット（またはモレット）は、騎士の拍車に付いている小歯車の徽章から進化したもので、こちらも五芒星の形をしているが、中央に小さな穴があいている。

ロズンジ Lozenge

紋章学の規定に従えば、既婚の貴族の女性だけが、その夫と同じく、シールドの上に紋章シンボルを置くことができ、未婚の、または離婚した女性は、菱形のロズンジの上に父方の紋章シンボルを置く。反対に、未亡人がロズンジの上に置くのは、夫の紋章シンボルである。

レイブル Label

水平な横帯から３つの垂れ（ポイントという）が下がっている形がレイブルで、それはその持ち主が長男であることを示すケイデンシー・マークである。現在では、三つ垂れのレイブル（それにふさわしく特別に装飾されている）が英国王の子供（娘も含む）であることを示し、五つ垂れのレイブルが英国王の孫であることを示す場合もある。

イギリスの大紋章（アチーブメント・オブ・アームズ）
British heraldic achievements of arms

p.21「王冠」
p.229「ユニコーン」
も参照

紋章記述の言語（ブレイゾンという、p.246 参照）では、シールドの地（フィールド）の色は、ティンクチャーと呼ばれる特別な色（ギュールズ、アジュール、セーブル、ヴァート、パーピュアなど）かメタル（オーアとアージェント）である。フィールドが、オーディナリーという幾何学的な形を作る線によって分割されているものもある。大紋章の中の紋章シンボルや徽章は、チャージと呼ばれる。大紋章（p.246 参照）は、シールドの上にある、持ち主の地位を示すヘルメット、その上にあるリースまたはコロネット、それに結ばれた形になっているマントなどによって構成され、大紋章の最上段にはクレストが置かれている。シールドは両脇の２頭の動物（サポーター）に支えられ、一番下に家訓（モットー）の書かれた帯がある場合もある。

王室の紋章 Royal arms

1838 年のヴィクトリア女王の戴冠式に使われた華麗な装飾の施された椅子の一部。王室の紋章（上左右、下左右の順で、イングランド、スコットランド、アイルランド、イングランドに４分割されている）を、ライオンとユニコーンの２頭のサポーターが支えている。クレストは、王冠をかぶったライオンで、それがまた王冠の上に立っている。

チルト・ヘルメット Tilting helm

シールドの持ち主から見て右側（デクスター）を向いた鋼鉄製のチルト・ヘルメットのある大紋章は、持ち主が紳士階級（または団体）であることを示す。このヘルメットは、馬上槍試合の防具として使われたもので、視野を確保する細い隙間だけが開いており、面頬は付いていない。

バリヤー・ヘルメット Barriers helm

大紋章で、シールドの上に、面頬のあるヘルメット（バリヤー・ヘルメットという）が、デクスター（右側）を向いているか、アフロンティ（見るものの正面）を向いている場合は、持ち主が準男爵か騎士であることを示している。

サポーター Supporters

シールドを２頭のサポーターが支えている場合、その持ち主が騎士団位階制で、貴族あるいは騎士であることを示している。サポーターは通常、動物、鳥、紋章的合成獣、人間である。上図は、ヘンリー８世のサポーターのイラストであるが、金色のライオンはイングランドを、赤い竜はウェールズを表す。

クレスト Crest

紋章学でいうクレストとは、ヘルメットの一番上にある３次元的な徽章のことで、通常女性は戦闘員ではないことから、女性の大紋章の上には置かれない。しかし女王は別で、上図はエリザベス２世のクレストである。王冠を戴いたライオンが、王冠の上に「ステータント・ガーダント（顔を正面にし４本足で立つ姿）」で立っている。

IDENTITY

大陸ヨーロッパの紋章シンボル
Continental European heraldic symbols

p.183「白百合」
p.185「聖ペテロ」
も参照

ヨーロッパ各国で発展した紋章体系は、共通している点も多いが、顕著に異なっている点も少なくない。たとえば、イタリアの紋章の盾の形は、戦闘用の盾というよりも馬の顔の形に似ている。ヨーロッパ全域で見られる紋章シンボルもあるが、ある特定の国、王家、家系、団体と同義語のようになっている紋章シンボルもあり、それらはそれだけでその国や王家を象徴するようになった。最も良い例が、フランスのフラ・ダ・リ、マルタのマルタ十字、ローマ教皇のティアラ(教皇の被り物)と鍵などである。語呂合わせもヨーロッパ全域の紋章で行われており、たとえばライオンと城(castle and lion)で、カスティリヤとレオン(どちらもスペインの地方名)を表すなどである。

ライオンと城の紋章
Heraldic lion and castle

レオンとカスティリャの王であったアルフォンソ10世の盾と馬衣には、語呂合わせで、レオンを表すライオンと、カスティリャを表す城が描かれていた。それらは現在でもスペイン国王の紋章に用いられている。(スペインの装飾写本『王家一覧』、12-13世紀)

フラ・ダ・リ Fleur-de-lys

フランス語でフラワー・オブ・リリーを表すフラ・ダ・リは、ユリの花を意匠化したもので、紋章学的徽章（チャージ）ではフランス王家（およびフランス王位を主張するイギリス国王の紋章にも使われた）を表した。それはまた、現在のイタリア、フィレンツェ市の紋章でもある。

マルタ十字 Maltese cross

４つの腕の先端に２つずつの、合わせて８つの尖った頂点を持つ十字が、マルタ十字である。この徽章は、元々は「エルサレムの聖ヨハネ騎士団」が使っていたものであるが、1529年に「病院独立騎士修道会（この騎士団の別名）」がこの島に設立されたことから、マルタ十字と呼ばれるようになった。

教皇の紋章 Papal arms

上図は教皇パウロ６世（在位 1963-78）の紋章である。聖ペテロを象徴する斜めに突きでた交差する金と銀の２つの鍵、教皇のティアラ（冠）、中央の馬の顔の形をしたイタリアのシールド、その中のフラ・ダ・リと意匠化された小高い丘の模様などで構成されている。

スペインの紋章 Arms of Spain

スペインの国章は、カスティリャ（城）、レオン（左後ろ足立ちのライオン）、ナヴァル（チェーンの「オール」）、アラゴン（縦じま模様）の４つの王国を象徴するクオータリング（４分割）となっている。またグラナダ王国を意味するザクロと、ブルボン王家を象徴するフラ・ダ・リも含まれている。

紋章的徽章とルネサンスのインプレーゼ（私章）

Heraldic badges & Renaissance imprese

p.163「バラ窓」
p.167「アフロディーテ／ヴィーナス」
も参照

紋章的徽章は、個人、家または家族、企業または団体を表す独立したシンボルである。中世には、家臣や同盟者が、ある個人、家系、王家への忠誠を視覚的に宣言するものとして多く身につけられた。紋章的徽章として分類されてはいないが、ルネサンス絵画でよく見られるインプレーゼ（イタリア語で「意匠」を意味する）も、個人や王家の徽章である。インプレーゼは、中心となる絵柄のコルポ（ラテン語で「体」）と、モットー（家訓）またはアニマ（「霊」）からなっており、それらは、ある特別な徳や性質を表現するものとして慎重に選ばれた。

エリザベス・チューダー
Elizabeth Tudor

ヘンリー７世の孫娘であるエリザベス１世の徽章は、チューダー・ローズである。このアルマダ・ジュエルの内部には、ニコラス・ヒリアードの描いた女王の肖像画があり、その上からエナメル加工が施されている。蓋の内側には、チューダー・ローズが描かれている。

白い牡鹿 White hart

白い牡鹿は、イングランドのリチャード２世（1367-1400）の徽章である。「金の王冠で満腹にされる」とモットーに書かれているように、白い牡鹿と王との関係が、首輪の代わりに巻かれた金の王冠で象徴されている。

チューダー・ローズ Tudor rose

チューダー・ローズは、1485 年から 1603 年までイングランドとウェールズを統治したチューダー家の徽章である。ランカスター家の赤いバラと、ヨークシャー家の白いバラを組み合わせたこの徽章は、ヘンリー７世の戴冠式によって国内外に示されたバラ戦争の終結を象徴するものである。

王冠を戴くサラマンダー Crowned salamander

炎に囲まれている、王冠を戴くサラマンダー（火トカゲ）は、フランス国王フランソワ１世（1494-1547）の徽章である。付随するモットーには、「我は善を養い、悪を滅ぼす」と書かれてある。サラマンダーは善なる火を燃え上がらせ、悪なる火を消し去ると伝えられていた。

メディチ家のインプレーゼ Medici impresa

メディチ家は 1434 年から 18 世紀までフィレンツェを統治し、数多くの画家のパトロンとなった。メディチ家が注文した絵には、どこかに上図のようなメディチ家のインプレーゼが書かれていた。それは３個のダイアモンドの指輪を組み合わせたもので、時にラテン語で *Semper*（「常に」）という文字が添えられていた。

西洋の黄道帯惑星

The Western zodiacal planets

p.167 「ヘルメス／マーキュリー」
p.221
「ヴァーゴ／乙女座」
も参照

惑星は、占星術で黄道十二宮を支配する重要な役割を担っている。ここで頭に入れておかなければならないことは、ローマの神々で表される時も、あるいは絵文字で表される時も、天文学でいう惑星と、占星術でいう惑星は異なっているということである。つまり、水星、金星、火星、木星、土星、天王星、海王星、冥王星は両方に共通しているが、占星術では、太陽と月を惑星と呼び、地球は除外される。また、天王星、海王星、冥王星が発見されたのは、それぞれ、1781 年、1846 年、1930 年なので、これらの惑星は、黄道帯を描いた古い絵には出てこない。

水星の戦車 Mercury's chariot

カドゥケウス（ヘルメスの杖）を持ったマーキュリーが、戦車に乗って天空を運行している。マーキュリーは双子座と乙女座の支配惑星であり、それが車輪の中の絵で表されている。マーキュリーの上にも乙女座が見られる。（スペイン、サラマンカ大学図書館天蓋のフレスコ画、16 世紀）

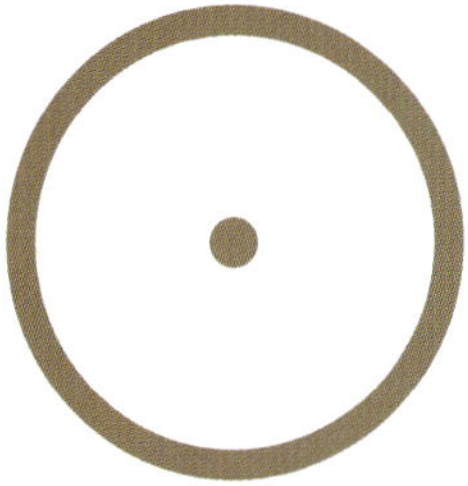

太陽 Sun

ギリシャ－ローマ神話のヘリオス／ソルまたはアポロン／アポロで人間的に表現される、占星術的“惑星”の太陽は、獅子座の支配惑星で、獅子座に燃えるような輝き、熱情を注入し、創造的でエネルギッシュ、自己中心的で自信に満ちた性格を形成する。太陽を表す絵文字は、中心に点のある円である。

月 Moon

月は多くの顔を持つため、処女、母、老女を連想させ、ギリシャ－ローマ神話のアルテミス／ダイアナ、セレーネ、そして三女神とも関係がある。この“惑星”の絵文字は、三日月で、蟹座を支配し、それに感受性と受容力をもたらす。

水星 Mercury

太陽のまわりを最も速く公転する水星は、ローマ神話では伝令神（マーキュリー、ギリシャではヘルメス）で表され、その絵文字は、つばの広い帽子、顔、カドゥケウス（杖）を図案化したものである。支配宮は双子座と乙女座で、それらに知性、多才、高い会話能力を付与する。

金星 Venus

その燦然と輝く美しさから、金星はローマの愛の女神ヴィーナスと同一視され、その絵文字は、彼女の持つ手鏡または首飾りを表す。金星は牡牛座と天秤座を支配し、それらに社交性や、わがままといった女性的な性質を吹き込む。

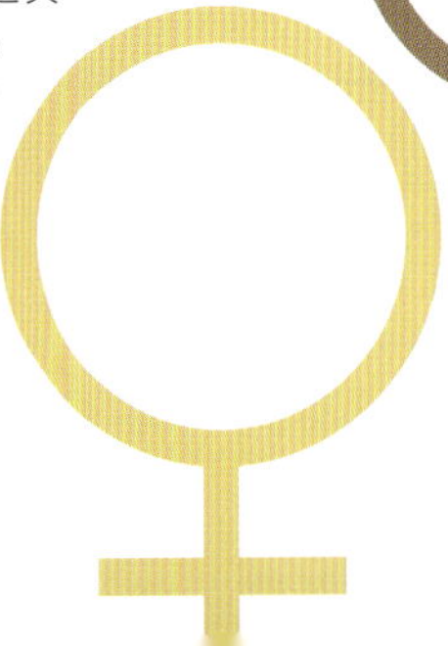

火星 Mars

火星の絵文字は、男性を表す生物学的記号でもあるが、その血のような赤い色にふさわしく盾と槍を表し、ローマの軍神マルスによって表される。火星は牡羊座（そして一般的に蠍座も）を支配し、それらに、自己主張や競争心、決断力などの男性的な性質を転移する。

西洋の黄道帯惑星
The Western zodiacal planets

p.165 「ポセイドン／ネプチューン」も参照

土星 Saturn

黄道十二宮の山羊座（そして一般的に水瓶座も）の支配惑星は、ローマ神話の農耕の神サトゥルヌス（ギリシャではクロノス）で表される土星である。その絵文字には、鎌の形が組み込まれている。土星がもたらす性質には、粘り強さ、保守性、分別、勤勉などがある。

天文学と占星術が分かちがたく結びついていた時代があり、その時代、天空を眺める人々はみな、惑星は地球を中心に回っていると考え、太陽と月もその７つの惑星の中に含まれていた。プトレマイオスの体系に基づく天体図は、このような天動説に基づいており、太陽、月、水星、金星、火星、木星、土星を表す絵文字が、地球の周りを公転している。これらの“惑星”は多くの場合、その名前の元になった神々で表され、時に戦車を操って天空を横切り、時には彼らが支配する黄道十二宮、サン・サインを引き連れていた。

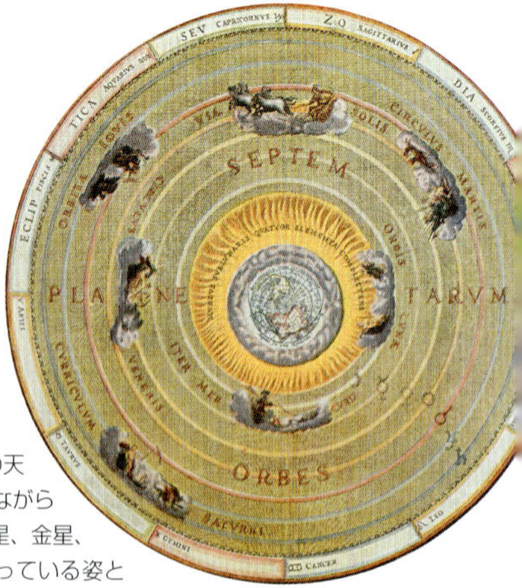

プトレマイオスの天体図
A Ptolemaic planisphere

中心の地球のまわりを、“７つの天球”が回転している。太陽は輝きながら地球のまわりを回転し、月、水星、金星、火星、木星、土星は、戦車を操っている姿と絵文字の両方で表されている。アンドレアス・セラリウスの『*Harmonica Macrocosmica*（1660）』中のプトレマイオスの天体図を示す銅版画。

木　星 Jupiter

ローマの最高神であるジュピターによって人格化される木星は、この“偉大なる吉星”に支配された射手座（そして一般的に魚座にも）に、積極性、熱狂、進歩的といった性質を付与する。木星を表す絵文字は、ギリシャ文字のＺ（ジュピターはギリシャではゼウスに相当）、あるいはその神の使い手であるワシの翼を意匠化したものだろう。

天王星 Uranus

1781 年にウィリアム・ハーシェルによって天王星が発見されると、それは水瓶座の支配惑星となった。ハーシェルの功績を称えて、天王星の絵文字にはＨの文字が入っている。水瓶座の非凡で、実験的な、そして革新的な性質は、天王星によるものだといわれている。

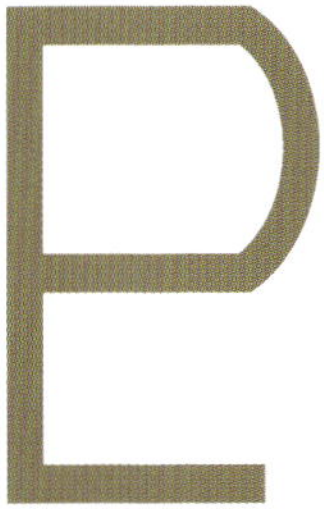

冥王星 Pluto

冥王星の存在が確認されたのは 1930 年のことであったが、その発見はパーシヴァル・ローウェルによって予見されていた。彼の名前の頭文字Ｐ（そしてその惑星と同一視されるローマの冥界の神 Pluto の最初の 2 文字）が、絵文字になっている。つい最近、冥王星は準惑星に格下げされたが、この変幻する神秘的な惑星が支配する宮は蠍座である。

海王星 Neptune

現在では魚座の支配惑星となっている海王星が発見されたのは、1846 年のことである。その絵文字は、ローマの海の神ネプチューン（ギリシャではポセイドン）の持物である三つ叉の槍を表す。それが魚座に付与する、無意識的な衝動、直観、夢想的などの性質は、水と関係がある。

西洋の黄道十二宮
The Western zodiacal signs

p.41 **「中国十二支」**
p.41
「西洋の黄道十二宮」
も参照

西洋の黄道十二宮はメソポタミアに起源があるが、それを今日の、われわれが良く知っている占星術体系に発展させたのは、ギリシャ人である。太陽年を反映して、占星術における1年は、春分の日から始まり、十二宮（12星座）の1番目である牡羊座（アリエス）の後、牡牛座、双子座、蟹座、獅子座、乙女座、天秤座、蠍座、射手座、山羊座、水瓶座、魚座と続く。絵画では、各宮は、それが表す動物——たとえばアリエスは牡羊——または人間、あるいは絵文字で表される。

黄道十二宮円盤
The zodiacal circle

西洋の黄道十二宮は、古くから円盤または車輪の形で表された。それは時間の永遠なる循環を象徴している。13世紀プロヴァンスのアルメンゴル・ド・ベジエによる装飾写本『*Le Breviaire d' Amour*（愛の聖務日課書）』

牡羊座（アリエス）Aries, the Ram

3月21日頃に牡羊座が黄道十二宮の1年を始める。牡羊座の支配惑星は火星で、元素は火である。牡羊座の3区分は活動宮で、極性（2分類）は男性、それらが結合して、力強く、エネルギッシュで、積極的である。その絵文字は、牡羊の角を表している。

牡牛座（タウルス）Taurus, the Bull

4月21日頃に牡羊座を受け継ぐ牡牛座の絵文字は、牡牛の頭と角を意匠化したものである。支配惑星は金星で、元素は土である。4つの不動宮の1つで、極性は女性である。牡牛座の下に生まれた人は、全体として穏やかで、実務的で、堅実である。

双子座（ジェミニ）Gemini, the Twins

双子座は5月21日に始まり、その絵文字は2人の人間が肩を並べている姿を意匠化したものである。支配惑星は水星で、元素は水である。4つの柔軟宮の1つで、極性は男性である。それらが融合した双子座は、好奇心に富み、休むことを知らず、多才で、とても活動的である。

蟹座（キャンサー）Cancer, the Crab

蟹座の絵文字が何を意味するのかは、実のところ不明である。蟹の爪、月の満ち欠け、両乳房などといわれている。支配惑星は月、元素は水、極性は女性であることから、蟹座（活動宮の1つである）は母性的で、人を育てるのが上手い。6月22日頃に始まる。

SYMBOLIC SYSTEMS

西洋の黄道十二宮
The Western zodiacal signs

p.41「**獅子座と対応する身体的部分**」
p.195「**聖ミカエル**」
も参照

占星術によれば、黄道十二宮と地上の生命との間には、根源的な大宇宙－小宇宙の関係がある。“上なるもののごとく、下もかくあり”である。各宮には、多くの影響を与える要素——支配惑星（p.214-17 参照）、4 大元素（p.224-5）、極性、モードすなわち 3 区分（活動宮、不動宮、柔軟宮）——があり、それらが一体となって地上のわれわれに複雑な影響を及ぼす。特に各宮は、その下に生まれた個人の基本的な性格と、体の部位に影響を及ぼす。

支配惑星、金星
The ruling planet Venus

金星の足元には、その支配下にある天秤座と牡牛座が描かれている。金星はその支配宮に、美しいものへの愛と、愛への愛を分け与えている。手に持っている花と、下の楽園で愛を育む恋人たちに示されるように。（15 世紀装飾写本『天球論』）

獅子座（レオ）Leo, the Lion

太陽は、7月23日頃に獅子座レオに入る。獅子座の支配惑星は太陽で、元素は火、3区分は不動宮であり、極性は男性である。これによって、陽気で（熱情的な側面もある）、スタミナがあり、活動的な、威厳のある性格が生み出される。獅子座の絵文字は、ライオンのたてがみ、尻尾、あるいは心臓の形といわれている。

乙女座（ヴァーゴ）Virgo, the Virgin

乙女座の絵文字は、女性の生殖器あるいはマリアのMを表すといわれている。8月23日に始まる乙女座の支配惑星は水星で、元素は土、3区分は柔軟宮であり、極性は女性である。こうして乙女座の、知性的で実践的な性質が生み出されている。

天秤座（リーブラ）
Libra, the Balance or Scales

太陽が9月23日（秋分）に入る天秤座は、天秤がそのまま絵文字シンボルになっている。天秤座の支配惑星は金星、元素は空気、3区分は柔軟宮で、極性は男性である。こうして天秤座は、公正で、自己主張が強く、外向的な気質となる。

蠍 座（スコーピオ）
Scorpio, the Scorpion

蠍座の絵文字は先端がサソリの針になっており、それによって乙女座の絵文字と区別できる。10月23日頃に太陽がこの宮に入る。支配惑星である冥王星（または火星）、水の元素、不動宮、女性の極性、これらが合わさって、神秘的で、情の深い性質となっている。

SYMBOLIC SYSTEMS

西洋の黄道十二宮

The Western zodiacal signs

p.113「2匹の金魚」
p.145「未」
も参照

古来より、黄道十二宮の絵画的表現や絵文字は、天文学者や占星術師が描く天球図になくてはならないもので、その多くが、十二宮の星座が円を作るように描かれていた。各宮とも、大体28日(ほぼ1カ月)を支配し、すべて合わせると1年になるため、暦に関係する絵画、特に四季折々の人々の生活を描いた作品(時祷書など)を描く時も、しばしばその中に取り入れられている。医学書中の人体図や秘教的な絵画でも、黄道十二宮のシンボルを取り入れているものが多い。

魚座の月
Piscean month

2匹のつながれた魚は、魚座を表す。魚座の支配する月は2月19日頃に始まり、北ヨーロッパでは冬の季節にあたる。暖炉で足を温める男性の姿がそれを象徴している。(15世紀半ばのフランスの時祷書)

射手座（サジタリウス）
Sagittarius, the Archer

射手座の影響が地球に広がり始めるのは、11月22日頃からで、支配惑星が木星、元素が火、3区分が柔軟宮、極性が男性であることから、この星座の下にある人は、積極的で、気まぐれ、活動的である。ケンタウロスで人格化される射手座の絵文字シンボルは、彼の放つ矢である。

山羊座（カプリコーン）
Capricorn, the Goat

山羊座を描く時、下半身が魚の尾のようになっていることがあり、そこから山羊座の絵文字は、山羊の角の形に、魚の尾の部分が付け添えられている。土星が山羊座の支配惑星で、元素は土、活動宮で、極性が女性であることから、12月22日頃に始まる山羊座の気質は、慎重で、野心的である。

水瓶座（アクエリアス）
Aquarius, the Water-carrier

その名の通り、水瓶座は波のような絵文字で表される。1月20日に始まる水瓶座の支配惑星は天王星または土星で、元素は水、3区分は不動宮で、極性は男性である。こうして水瓶座の、分析的で、決断力のある性質が形成される。

魚　座（ピセス）
Pisces, the Fishes

魚座の絵文字シンボルは2匹のつながれた魚を表す。2月19日に始まる魚座は、海王星または木星の支配下にあり、元素は水、3区分は柔軟宮で、女性の極性であることから、その下にある人に、理想主義的な気質を注入する。

4大元素と4体液
The Four Elements & Humours

古代ギリシャに起源を持つ4大元素——火、水、空気、土——の理論は、中世からルネサンスにかけて作成された医学絵図や、錬金術、占星術の図解書の中でシンボル化された。宇宙のすべての要素が、この4大元素から構成されていると信じられていたからである。各元素はいずれも、熱、乾、冷、湿のうちの2つの性質からなり、黄道十二宮のうちの3つの宮と関係すると考えられていた(4区分という)。黄道十二宮の各宮は人体各部と関係があり、さらに4大元素も4体液を通じて人間の健康に影響を与えると考えられた。

占星術の4区分
The four zodiacal elements

黄道十二宮を表す車輪の中央の円が4つに区分され、それぞれが4大元素——火、水、空気、土——を表していることが、中の模様で示されている。(15世紀)

火 Fire

熱と乾の性質を持つ火は、水の対極にある男性的元素で、4区分は、牡羊座、獅子座、射手座である。錬金術の記号では、火は上向きの三角形で表される。また絵画では、サラマンダーやギリシャ－ローマの神、ヘパイストス／ヴァルカンで表される。

水 Water

女性的元素である水の４区分は蟹座、蠍座、魚座で、性質は冷、湿である。火の対極にあるものとして錬金術では下向きの三角形で表されるが、水の精霊であるウンディーネで表されることもある。ギリシャ－ローマの海の神ポセイドン／ネプチューンで表されることもある。

空 気 Air

空気は熱、湿の性質を持つ男性的元素で、４区分には、双子座、天秤座、水瓶座が入り、土の元素の対極に位置する。錬金術では上向きの三角形の中に横線を引いた形で表されるが、空気の精霊であるシルフスで表されることもある。また絵画では、ギリシャ－ローマの女神、ヘラ／ジュノで表されることもある。

土 Earth

土は空気の対極にある元素で、錬金術では、下向きの三角形の中に横線を引いた形か、土の精霊ノームで表される。また絵画では、ギリシャ－ローマの太母神デメテル／セレスで表される。土の４区分は、牡牛座、乙女座、山羊座で、性質は冷、乾、女性的元素である。

4体液 The Four Humours

人の体の中には、ライオン、子羊、サル、ブタで象徴される４体液が循環していると考えられていた。火の体液（黄胆汁）は怒りっぽい性質を生み出し、水の体液（粘液）は不活発な性質を、空気の体液(血液)は楽天的性質を、そして土の体液(黒胆汁)は憂鬱な性質を生み出すと考えられていた。

秘教と秘密結社のシンボル
Occult & secret symbols

p.23「コンパス」
p.43
「稲妻に打たれる塔」
も参照

ヨーロッパには、多くのシンボルで彩られた秘教と秘密結社の豊かな歴史がある。その多くが現在も活動を続けており、たとえばウィッカのシンボルである五芒星(ペンタグラム)は、21世紀風に装いを変えて至る所に目にすることができ、あなたも望むなら、中世から続く黒魔術師団の1員になることができる。またタロットカードも新しいデザインのものが次々と発表されている。そのような秘教と秘密結社の中で、最も影響力の大きかった(大きい)ものは、錬金術、薔薇十字団、フリーメーソンであったが、それらはかつて全能のローマ・カトリック教会によって迫害されていた。そのため、彼らの中でシンボル言語が発達し、迫害を避けるための秘密の意思伝達の手段となっていった。

両性具有者(アンドロジーン)
Androgyne

中世の錬金術師は、不老不死薬(エリクサー)を求め、卑金属を金に変える方法を探究し、その理論と化学実験を精巧なシンボル体系を用いて記録した。また男性原理と女性原理を融合させた両性具有は、彼らの間で、理想的な全体性を象徴するものと考えられた。

タロット・カードの大アルカナ
A major-arcana Tarot card

タロット・カード大アルカナの「吊るされた男」は、強い象徴的な意味を持つカードであるが、それが暗示するものは、必ずしも否定的な意味ばかりではない。これはアーサー・エドワード・ウェイトとパメラ・コールマン・スミスによって作成された20世紀ライダー・ウェイト・タロット・カードのドイツ版である。

薔薇十字団の十字架 Rosicrucian rose cross

薔薇十字団のシンボル体系の中心をなすものは、中心に薔薇の花のある十字であるが、それはこの秘密結社の名前（*Rosae Crucis*「薔薇十字」）を表すと同時に、伝説の始祖であるクリスチャン・ローゼンクロイツ（その名字はドイツ語で薔薇十字を意味する）をも表している。

フリーメーソンのシンボル Masonic symbol

秘密結社フリーメーソンが発足したのは 1717 年であるが、会員は、この会がソロモン神殿を建設した石工と関係があり、中世の石工ギルドによって基礎が形作られたと考えている。有名なフリーメーソンのシンボルは、God の G（そして geometry「幾何学」の G）とコンパス、それに直角定規を組み合わせたものである。

五芒星 Pentagram

五芒星（ペンタグラム）は、普遍的な人間を象徴するシンボルである。5 という数字は、五感および四肢と頭を表し、その頂点は、5 元素（一般的な 4 大元素に、エーテルまたは精霊を足したもの）を意味し、それゆえ全体性を表す。

タロット「吊るされた男」 Tarot's Hanged Man

占いや瞑想に使われるタロット・カードは、22 枚の大アルカナと、14 枚のカードからなる 1 スートが 4 スートの 56 枚の小アルカナからなっている。このカードは大アルカナの 12 番目のカード「吊るされた男」である。それが象徴していることの 1 つは、自己犠牲によって智慧を獲得する、である。

空想上の動物 *Fantastic creatures*

p.159「龍」
p.159「鳳凰」
p.159「麒麟」
も参照

ヨーロッパの人々の想像力によって生み出された空想上の動物は、この大陸の宗教神話や哲学の中に力強い共鳴を惹き起し、その文化的伝統の中に深く浸透している。これらの、空、海、地上の魅惑的な動物たちは、古代ギリシャ－ローマの人々によって、アッティカ壺やローマ時代のモザイク壁画に美しく描かれ、その英雄的な物語が後世に伝えられている。不可解な自然現象を象徴化し視覚化した動物もあれば、善や悪の超自然的な力を表象した動物もいる。後者の対立は、キリスト教の寓話によって、さらに鮮明に表現された。それと関連する中世の動物寓話集から発想を得た動物も、紋章シンボルとして紋章の中に多く取り入れられている。

処女とユニコーン The lady and the unicorn

雪のように真っ白い毛並みのユニコーンが、貴婦人の足元でおとなしく休んでいる。この気性の荒い動物を手なずけることができるのは、処女だけだといわれている。

ペガサス Pegasus

ギリシャ－ローマ神話に登場する純白の翼を持つ馬ペガサスは、海の神ポセイドンとゴルゴン・メドゥーサの間に生まれた。ペルセウスなどの英雄の乗り物であった天空を駆ける馬ペガサスは、崇高さと高潔さの象徴である（ルネサンスの寓意では名声の象徴でもある）。

ユニコーン Unicorn

西洋では、ユニコーンはさまざまな形で描かれている――馬の胴体をしているものもあれば、牡鹿の姿をしているものもある――が、共通しているのは、人を浄化する長い角が出ていることである。キリスト教の伝統では、純粋さを象徴するこの白い動物シンボルは、処女によってしか飼い馴らすことができないといわれ、それゆえキリストを表す場合もある。

ドラゴン Dragon

西洋の龍、ドラゴンは、悪の化身で、キリスト教の“蛇の”サタンと同一視された。ドラゴンは、コウモリの翼、猛禽の鉤爪、爬虫類の気味の悪い皮、蛇の尻尾（それが波打ってない時は打倒された時）からなり、口から火を吐くといわれている。

フェニックス Phoenix

黄金の翼を持つ西洋の不死鳥フェニックスは、自らの意志で――そして宿命的に――500年ごとに太陽の燃えるような光線の中に身を投じ、その後その灰の中から再生するといわれている。ローマ人はフェニックスを亡き皇帝の神格化の象徴とみなし、キリスト教徒はそれをキリストの復活と重ね合わせた。

ALLEGORICAL

四 季 *The Four Seasons*

p.11
「トウモロコシと小麦」
p.25「コルヌコピア」
も参照

四季を女性で表すヨーロッパの伝統は、古代ギリシャ人に起源がある。彼らは四季を、3人または4人の女神（ホライ、単数はホラ：Hour の語源）で表した。四季の移り変わりを支配するホライは、それぞれが季節に合わせた自然の持物を抱く姿で描かれたが、ルネサンス時代に入ると、別のギリシャ－ローマの神々にその座を奪われることもあった。四季は時の流れを最も良く感じさせることから、絵画で、他の4つの要素から成り立つもの、たとえば4大元素（p.224-5を参照）などと合わせて、人間の一生の4段階を象徴させる形で描かれることもあった。

春のシンボル Symbol of spring

美しいさまざまな種類の花が、フローラの髪や衣服を飾っている。フローラは古代ローマの花と春の女神で、寓意画で春を表す女神として、特にルネサンスの画家によって頻繁に描かれた。（サンドロ・ボッティチェッリの傑作『プリマヴェーラ（春）』、1478年頃）

春 Spring

春を表すホラは、花束を抱えた姿で描かれる（春の花だけでこの季節を表す場合もある）。ホラに代わるギリシャーローマの女神は、アフロディーテ／ヴィーナスまたはフローラである。春はまた、乳児や幼児で象徴される場合もあり、関連する要素は、空気である。

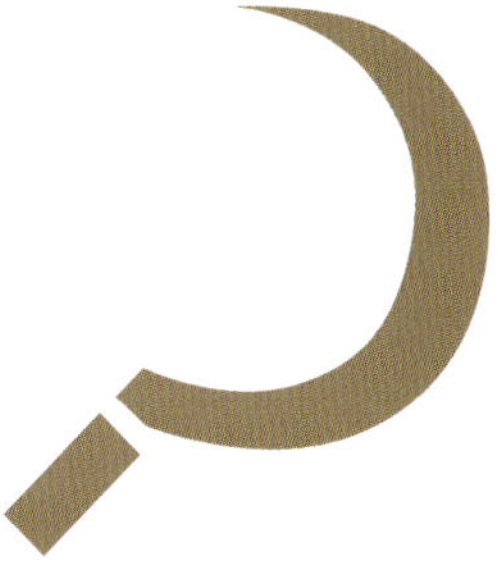

夏 Summer

実の詰まった作物は夏に収穫されることから、夏のホラ（そしてデメテル／セレスも）は、トウモロコシの穂で飾られたり、麦束や大小の鎌を手にした姿で描かれることが多い。果実で夏を象徴する場合もあるが、その場合は人生の全盛期を表す。関係する元素は火である。

秋 Autumn

地中海地域では、葡萄は秋に収穫されることから、秋を表すホラ（そしてギリシャーローマのディオニュソス／バッカスも）は、葡萄のツタや葉で飾られていることが多い。コルヌコピアで秋を象徴することがあるが、それは人生の完熟期を意味する。関係する元素は土である。

冬 Winter

絵画で冬は、暖かく着こんだ女性、マントに身を包む老人、そしてギリシャーローマの神々、ヘパイストス／ヴァルカン、ボレアス（北風の神）、イレーネなど、さまざまな姿で表される。また寒々とした季節を葉の落ちた木で表すことも多い。冬は人の一生では、老年期と死を象徴する。元素は水である。

生と死 *Life & death*

p.47 **「骸骨」**
p.95 **「死」**
も参照

どの時代、どの世界の絵画にも、生と死を暗示する寓意的なシンボルがあるが、それらのシンボルで表現される寓意には２つの方向性がある。１つは人間の一生(および人類の歴史)であり、もう１つは生命のはかなさと財産を所有することの究極的な無価値さである。幼児期から、成熟期、そして老年期へと至る人間の一生を寓意的に描いた絵の中心的なテーマは、具体的な数字は書かれていないが、人の一生のはかなさである。その一方で、17 世紀ヨーロッパで特に人気のあったヴァニタス(ラテン語で「空虚」を表す）と呼ばれた静物画の中心的なテーマは、現世での栄華の空しさである。

人間の5段階 The five ages of man

ドイツ語による錬金術師的な詩を添えた17 世紀の絵。人間の一生を５段階に分けて示している。布にくるまれた赤ん坊は、誕生と幼児期を表し、その後に青年期と成熟期を表す２体の人間が続き、その後ろに老年期と死が控えている。

誕生と幼年期 Birth and childhood

鳥の卵は、中にいる成長しつつある子供（雛）を育てる力の具体的表象であり、人間の子宮と同一視され、多産、新しい生命、子供を象徴する。動物の子供、春の花々、そして当然にも赤ん坊や幼児もまた、生命の最初の段階を象徴する。

求愛と婚約 Courtship and betrothal

青年期は常に求愛の時期であり、数世紀前までは、婚儀は王家にとって最大の関心事であり、それを促進するため、あるいはそれを記念して、画家の下に多くの絵画が注文された。ルネサンス絵画では、婚約をカーネーションで象徴することが多かった。

結婚と成熟 Marriage and maturity

ヨーロッパ絵画では、子供を卵で表すように、その両親を、２羽のつがいの鳥で表すことが多い。特に、幸せな恋愛（結婚へと至る）を描く時は、よく２羽の白鳩で表現したが、それは白鳩が、ギリシャ－ローマの愛と多産の女神アフロディーテ／ヴィーナスの持物の鳥だったからである。

老年期と死 Old age and death

絵画で老年期を表すのに杖がよく使われたが、流れ落ちる砂で時の速さを象徴する砂時計も、ヴァニタス絵画でよく用いられた小道具であった。死（あるいは差し迫っている死）の象徴としてはまた、懐中時計、燃え尽きそうなあるいは消えたろうそく、頭蓋骨、貝殻なども描かれた。

自由七科 *The Seven Liberal Arts*

p.160-61
「君子の四芸」
も参照

自由な人間になるために修めるべき学問として自由七科が言われるようになったのは、ローマ時代からのことである。そしてそれが不動のものとして確立されたのが、『文献学とメルクリウスの結婚』という寓意的な文書が書かれた5世紀であった。それ以降、中世からルネサンス期まで、自由七科は学問の普遍的な基礎とみなされた。内訳は、文法学、論理学または弁証法、修辞学からなるラテン語三学と、幾何学、算術、天文学、音楽からなる四科である。この七科はそれぞれ女性の姿で表されることが多く、時にその七科の“学問の母”である哲学に伴われていることもあった。自由七科はまた、それらの女性の持物(次ページにそのうちの4つを紹介)や歴史的人物で象徴されることもある。

アーミラリ天球儀
Astronomy's armillary sphere

天文学(*Astrologia*)を表す女性が、彼女の代表的な持物である天球儀と共に描かれている。天球儀は宇宙の象徴でもある。(イタリア16世紀写本『*Delle Arti e Delle Scienze*(芸術と科学)』)

天文学（*Astrologia*）
Astronomy (*Astrologia*)

天文学（*Astrologia*）を表す女性は、天空の地図である天球儀を持つ姿で描かれることが多く、また天球儀だけで天文学を表す場合もある。その他の天文学の象徴としては、コンパス、六分儀、アストロラーベなどがある。プトレマイオスで天文学を象徴することもある。

文法学（*Grammatica*）
Grammar (*Grammatica*)

文法学(*Grammatica*)は、多くの場合、上のような鞭を持って厳しく生徒を指導する女性、あるいは植物に水をやる女性で表された。文法学者のプリスキアヌスまたはドナトゥスによって文法学をあらわすこともあった。

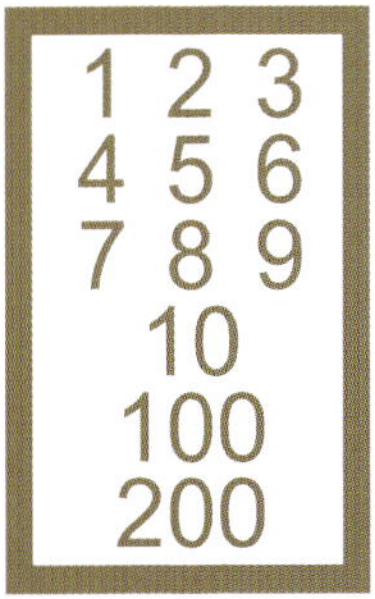

算 術（Arithmetica）
Arithmetic (*Arithmetica*)

算術を象徴する道具である数字を書いた板や巻物、ソロバン、定規などが、算術（*Arithmetica*）を人格化した女性の持物として描かれた。天才的な数学者であったピタゴラスも算術を象徴する人物である。

音 楽（*Musica*）
Music (*Musica*)

音楽（*Musica*）はたいてい、リュートやハープを抱いている女性の姿で表された。その女性の傍にはよく白鳥が描かれているが、白鳥は歌いながら死んでいくという言い伝えがあった。音楽を表す男性としては、ピタゴラスやカインの子孫であるトバル・カインがいる。

はじめに *Introduction*

オセアニアの諸民族は、それぞれが特色ある美術様式を発展させ、文化の違いを際立たせているが、シンボル的に共通した点も多く見られる。というのも、この地域の美術には、それが風景を描いたもの、あるいは地上、空、海の動物、さらには気象状態を描いたものであれ、その根底に共通して、先祖と自然との力強い結び付きが横たわっているからである。オーストラリアのアボリジニの絵は、多くがドリームタイムの出来事や概念を子孫に伝える目的で描かれており、その図像やシンボル言語は、岩絵、樹木の表皮、ボディー・ペインティングなどの媒体を通して表現されている。アボリジニにとっては、それらを描く行為自体が、集合的アイデンティティとしての宗教的な感覚を確信する営みである。マオリ族の美術は、アボリジニのものほど具象的ではないが、その高度に洗練された流紋形の伝統的なフォルム——多くが木彫やボディー・ペインティングの形式——は、躍動するエネルギーを力強く表現している。

p.49「タコ」
も参照

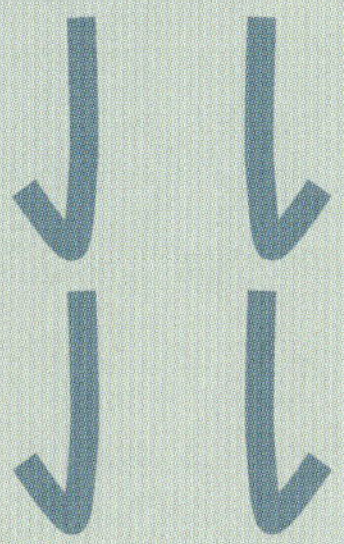

カンガルーの足跡
Kangaroo tracks

アボリジニ美術に見られるオーストラリア固有種の動物の足跡の絵は、実際にそれらの動物や鳥の足跡を追っていったらそうだろうと思えるほど躍動的に描かれている。カンガルーの足跡は、2本の平行線を引き、その下端を折り返すように斜め外側に短い線を引いた形でシンボル化されている。

アボリジニの岩絵
Aboriginal rock art

白い岩絵具の小さな人物がバルジン（次ページ「ドリームタイムの先祖」を参照）で、その上の大きな、“X線画法”で描かれた手足を広げた人物像が、アボリジニの創世の先祖であるナモンジョクである。（オーストラリア、ノーザン・テリトリー、カカドゥ国立公園内の岩絵）

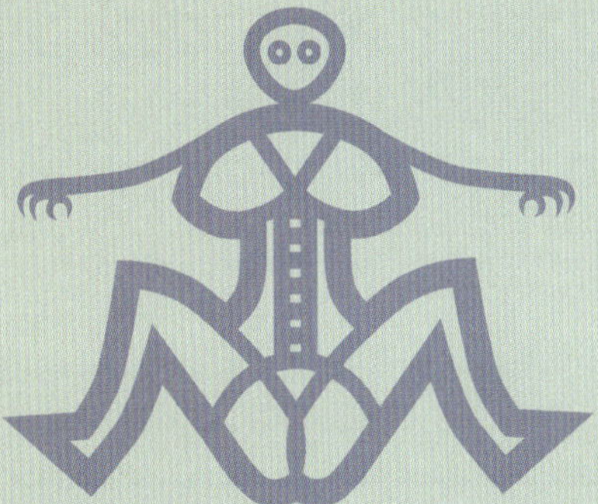

ドリームタイムの先祖
Dreamtime ancestors

オーストラリア・アボリジニの先祖が残した岩絵には、バルジンなどの、彼らの土地アーネムランドのドリームタイム（創世神話）に登場する精霊が多く描かれている。彼女の乳房と性器は、子供を産み育てる女性の能力を象徴している。バルジンは、雷の精霊であるナマルゴンの妻であり、アリュリュ（一般に「ライカードのキリギリス」と呼ばれている）の母といわれている。

ティキ Tiki

ティキはマオリ族の言葉で「人物」を表すと同時に、マオリ神話に出てくる最初の人間の名前でもある。様式化された男女のティキ人形は、神話上の先祖と実際の先祖の両方を表し、先祖の霊による守護を象徴する。ティキの口から舌が突き出ているのは、悪の精霊を嘲り、退散させ、生きている子孫を守ることを意図している。

コ ル Koru

マオリ美術に多く見られる抽象模様の１つが左図のコルである。渦巻状に展開していくその形は、ニュージーランド原産のシダの新芽の形に似ている。それは生命力、成長、進化の普遍的な象徴である。

SACRED

オーストラリア・アボリジニのドリームタイムの精霊たち

Australian Aboriginal Dreamtime spirits

p.241
「ワワラグ姉妹」
p.92
「蛇と雷光」
も参照

アボリジニの信仰と伝統は、すべてドリームタイム（ドリーミングともいわれる）を中心に回っている。その創世の時、始原の存在がオーストラリアを放浪し、さまざまな自然界の生き物を創造し、人間に種々の生活技術を教えた。最古の岩絵に残されている精霊ミミなどの図像は、精霊たち自身によって描かれたと伝えられており、精霊たちはそうすることによって、人間に、"ミミ様式"と呼ばれる技法を教えたといわれている。そこで描かれているものの多くが、シンボル的に（そして実際に）、今ここに存在し、レインボー・サーペントは川や湖などの水のある場所に生息し、雷の精霊は雨期にその存在を知らせると考えられている。またワンジーナの精霊たちは、自分の意志であの幽霊のような図像へと自らを変身させたと信じられている。

ワンジーナの壁画
Wall of Wandjinas

オーストラリアの洞窟に描かれたワンジーナの一群が、こちらを見ている。アボリジニの伝説によれば、海から陸地に上がってきたワンジーナは、自分たちの意志で、このような図像に自らを変身させた。それゆえ、この図像そのものが、精霊としての彼らの存在そのものなのである。

精霊ミミ Mimi spirits

精霊ミミはアボリジニ神話のトリック・スター的な存在で、棒のように細い体をし、狩猟などの仕事をしながら、その技術を人間に教えたといわれている。その異様に細い体が彼らのシンボルで、そのためどんなに細い岩の割れ目でも入っていくことができるが、風には弱いといわれている。

レインボー・サーペント Rainbow serpents

レインボー・サーペントの神話は、オーストラリア各地に住むアボリジニの全部族に共通し、多くが水の象徴である。その蛇のような形は水の動きを象徴し、体の虹色は雨期を象徴する。レインボー・サーペントは大地の豊かさを象徴する一方で、鉄砲水のような自然の破壊力も象徴する。

雷の精霊 Lightning spirits

アボリジニの神話によれば、轟音と共に空を切り裂く雷光は、ナマルゴンなどの雷の精霊によって惹き起される。雷の精霊は、たいてい自分を囲むような形の円弧（雷光を表す）で象徴されるが、その雷は、彼らの多くが手にしている雷の斧によって作られる。

ワンジーナの精霊 Wandjina spirits

ぼんやりとした姿で、雲のような後光を出している姿で描かれるのが、水と関係のあるワンジーナの精霊である。この雨をもたらす精霊は、海から立ち上って雲となり、そこから地上に向かって自らを放射していると伝えられ、丸い２つの目と鼻で表されるが、口はない。後光から発している放射状の線は、雷光を表しているのだろう。

アボリジニのトーテム（先祖動物）

Aboriginal ancestral & totemic beings

p.236
「カンガルーの足跡」
p.239
「レインボー・サーペント」
も参照

オーストラリア・アボリジニの岩絵には、トーテム（先祖動物）と精霊の物語が生き生きと描かれているが、その中心的なテーマは、部族が創世されるドリームタイム（ドリーミング）の時代にトーテムが果たした役割であり、その後も続いている部族や個人とトーテムとの深い親縁的なつながりの確認である。人間、動物、鳥、爬虫類、昆虫、植物など（それらは自在に形を変える能力を持っている）さまざまなものが、独特の斜交平行線模様（ラルクと呼ばれている）で描かれているが、それはその絵に実在感と動きをもたらし、トーテムと部族との親縁関係をさらに強く象徴している。ワワラグ姉妹やカンガルー、ゴアンナ、ポッサムなどの動物のトーテムは、部族の集合的アイデンティティのシンボルとして神聖なものと考えられている。

カンガルー・ジョーイ・ディンゴ
Kangaroo, joey and dingo

アーネムランドの画家イルヴァラの樹皮絵の模写。大きく描かれたカンガルーの傍に、小さくディンゴ（オーストラリアの野生イヌ）が描かれている。カンガルーの腹袋には、ジョーイ（子供のカンガルーの愛称）の姿も見られる。

ワワラグ姉妹 Wawalag sisters

ワワラグ姉妹の物語は部族によって異なっているが、人間と自然界との相互交流という点では共通した点がある。水底の洞窟にすむ巨大なパイソン（男性のシンボル）はワワラグ姉妹（女性のシンボル）を呑み込んだが、最後には吐き出してしまう。

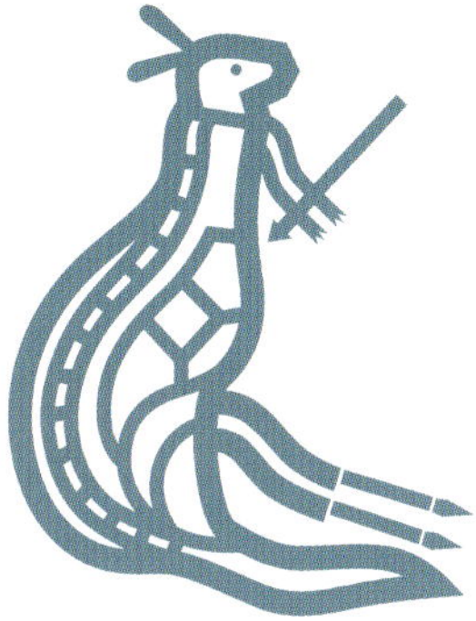

カンガルー Kangaroo

カンガルーは、トーテム動物であると同時に、古来からアボリジニの貴重な食料源であった。アボリジニの岩絵に見られるカンガルー（そして他の動物も）のＸ線画法は、教育的な意味も持っていた。すなわち、この動物の体を図解し、狩猟と解体の方法を教えるためでもある。

ゴアンナ Goanna

オーストラリアのオオトカゲ、ゴアンナは、上の図のように写実的に描かれることもあれば、胴体を表す１本の長い線の横に足跡を描いて表す場合もある。ドリームタイムの神話では、ゴアンナは自らをクイーンズランドにあるマルーン山に変えたといわれている。

ポッサム Possum

大きな目と木に巻きつく尻尾が特徴のオーストラリアの有袋動物ポッサムは、写実的に描かれていることもあるが、アボリジニ絵画では、爪跡で象徴されることが多い。それは斜めに引いた長い線から４本の短い線が出た４本歯の櫛のような形をしている。

オーストラリア・アボリジニの抽象的シンボル
Australian Aboriginal abstract symbols

p.69
「Adinkrahene」
も参照

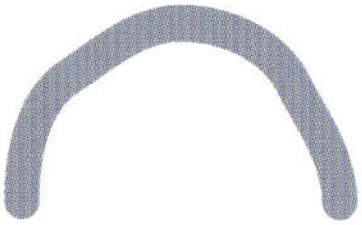

U型
U shapes

U型、あるいはその逆さまになった形は、人を表す。それは地面に座った時の人の様子を図式化したものである。

説明を受けていない人々の目から見ると、ある種のオーストラリア・アボリジニの絵画は、抽象的なデザインにしか見えないかもしれないが、それらはすべて聖なる意味を持っており、多くの情報を伝えている。放浪する精霊がこの大陸のあらゆる存在を生み出していたドリームタイムの潜在記憶と、絶えず移住しているアボリジニ的生活の反映から生み出されたこれらの図像は、ドリームタイムの物語をシンボル的に伝えていると同時に、それに関係する特別神聖な場所を地図的に示している。そのような絵画に出てくるシンボル（幾何学的なものもそうでないものも）の意味は、オーストラリアの広大な大地を撮った写真を眺めていると、自然に理解されるはずだ。

聖なる地図
Sacred map

中心のとぐろを巻いている２匹の蛇が、この色彩豊かな絵画の焦点である。そこから対角線上に配置してある２個の同心円は、休憩場所か泉を意味しているのだろう。そしてそこから出ている何本もの線は、小道か水路を表していると思われる。

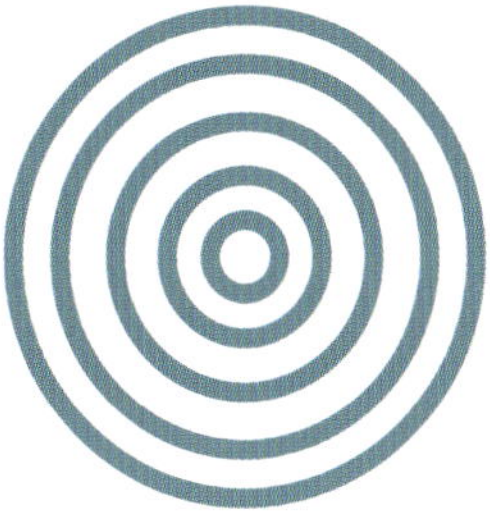

同心円 Concentric circles

同心円は、多くの風景的特徴を表し、静的なものだけでなく、一時的に現れる自然現象も表すが、概してある場所を特定するときに用いる。たとえば、水たまりや、岩盤や地面にあいた穴、また野営場所、さらには集合場所も表す。

波　線 Wavy lines

波線は一般に、流れる水や、雷、野火、煙などの大規模な自然の脅威を表すときに使う。また波線でくねくねと動く爬虫類を表す時もあり、その場合は頭や足が描かれることが多い。

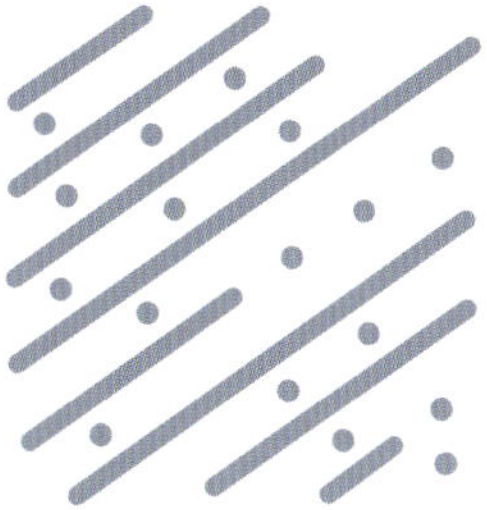

点 Dots

点は、多くの自然物や自然現象を表す。雨滴、森林火災の火の粉、星の光、灌木の小さな果実、卵など。画面全体が点で覆われている時は、描かれている聖なる意味を部族以外の人間に知られたくないということを意味している場合が多い。

短い線 Short lines

上図のような、短い、長楕円形の棒のような形は、多くの場合、土を掘る道具（食用の根を掘る時に使う）、あるいは打ち鳴らす棒（歌い踊る儀式に使う）を表す。短い直線で、時に先端が鉤型に曲がったものは、たいてい槍を表している。

直　線 Straight lines

直線は直接的な動きを表し、特にある地点（上図の野営地のような）への道を示す場合が多い。動物の足跡の真ん中に引かれた直線は、一般に、その動物の体か、その動きを表している。

マオリ族の空想上の動物
Maori fantastic creatures

p.87
「サンダーバード」
p.159
「龍」
も参照

マオリ族の伝統的彫刻には、空想的動物をかたどったシンボル言語が多く見られる。特に有名なのが、鳥に似たマナイア、水に住む動物タニーワ、巨大な人喰い猛禽類ポウカイ、そしてタニーワの特別な“種族”であるマラキハウなどである。その他多くの、動物・猛禽類・魚の形をした空想上の動物が、マオリ族の彫刻家のレパートリーに入っている。これらの空想上の動物は、マオリ族にとって脅威である、未知の、理解できない、危険な自然の力や現象を、そして彼らの自然観をシンボル化したものであるが、それは同時に、彼らを守護する力の象徴でもある。

怪獣タニーワ
Terrible taniwha

マオリ族の岩絵で、タニーワが躍動している。彼らは人間を貪り食うだけではなく、互いを水死させると考えられている。ニュージーランドの石灰岩洞窟天井画(16 世紀)の模写。

マナイア Manaia

トカゲのような形で描かれたものも多いが、尖った顎が鳥のくちばしに似ていることから、“バードマン”と呼ばれるようになった(四肢の先端から出ている鉤爪に似た３本の指を除けば、体は人間に似ている)。マナイアは導きと守護の精霊で、特に死者のための精霊である。

ポウカイ Poukai

マオリの神話では、巨大な翼と鉤型の嘴を持つポウカイは、人を捕らえ貪り食うといわれている。ポウカイはかつてニュージーランドに生息していたが（現在すでに絶滅したハースト・イーグルのように）、今日では、空中を旋回し、予告なしに攻撃してくる破壊的な力のシンボルとなっている。

タニーワ Taniwha

怪獣タニーワは水に住む動物で、水を象徴するシンボルである。そのため水生動物の尾びれのようなものを有している。人間に敵対的なタニーワもいれば、好意的で、人間を力強く守護するタニーワもいる。

マラキハウ Marakihau

タニーワの一種であるマラキハウは、深海に生息している。マラキハウの最大の特徴は、その管状の舌で、それで獲物の体を吸いつくすといわれている。マラキハウは、すべてを呑み込み、破壊し尽くす、海の力を象徴している。

用語集 *Glossary*

アーミジャー　ラテン語で、「紋章を持つ者」を意味し、紋章学で、紋章を持つ資格のある人を指す。

アームズ　紋章学で、紋章の盾のことを表す。大紋章と同じ意味で使われることもある。大紋章の項を参照。

アサナ　ヒンズー教や仏教における、ある儀式的な意味を持つ姿勢のこと。

アフロンティ　紋章学用語で、要素が見るものの正面を向いていることを表す。

アモレット／アモレッティ　プット／プッティの項を参照

アヴァタール（化身）　サンスクリット語で、「降下」を意味し、ヒンズー教では特にヴィシュヌ神が地上に降臨した時の9つの化身を表す。

イージス　ギリシャ-ローマ神話で、ゼウス／ジュピターが持っている盾のこと。またその娘のアテナ／ミネルヴァが持っていることもあり、あるいはマントに装着された護符のようなものとして描かれることもある。

イコノグラフィー（図像学）　1）絵画で使われるシンボルとその意味を解き明かす学問。2）特定の人物または実体を表すために使われる集合的な形象。

異世界　ケルト民族の信仰における、死者と精霊の世界のこと。

陰　中国道教の根本原理における女性的、否定的、受動的宇宙エネルギーのこと。

インシグニア（記章）　組織や団体を表すシンボルや紋章。

インプレーゼ　イタリア語で「意匠」を意味し、個人を表す徽章で、ルネサンス絵画に多く見られた。

浮世絵　17～19世紀の日本で大衆に親しまれた絵画形式で、「浮世」を描いたもの。

ウラエウス　古代エジプト美術で、鎌首をもたげた蛇を表し、神やファラオの額の上に載っていることが多い。

オーディナリー　紋章学で、盾を区切る線のこと。

折句（アクロスティック）　行頭の文字を並べると、特別な語句が出来るようにした文書。種々の変種がある。

カチナ　北アメリカ南西部先住民のプエブロ族の守護神で、雨をもたらす精霊。

カルチャー・ヒーロー　神話において、人間文化を創造、支援、促進する存在。

カルトゥーシュ　横長い楕円形の枠で、その中に古代エジプト・ファラオの即位名や誕生名をヒエログリフで書いているもの。

徽章（バッジ）　紋章学では、ヘラルディック・バッジまたはアーモリアル・バッジと呼ばれ、大紋章から切り離されて、その人物の同盟関係、親縁関係を表し、同盟と所属のシンボルとして用いられるもの。

クレスト　1）ヨーロッパの紋章学で、兜の上に載っている3次元的なシンボル的飾り。2）北アメリカ大陸北西沿岸地域先住民のシンボル的標章。

クロスハッチング　交わる2組の平行線をさす。

寓意画　シンボル的に、より深い、より抽象的な意味・観念を暗示する絵画技法。

グリフ　シンボル的形象

ケイデンシー・マーク　紋章学用語で、9つの紋章的シンボル（チャージ）の1つで、盾の中央近くに置かれ、その人物の家系における位置を示す。ブリジュアとも呼ばれる。

決定詞　古代エジプトの表記体系において、それ以外のヒエログリフの意味、役割を示す語。

ケルビム　ユダヤ-キリスト教における天使の階級の1つ。

元型　人間の集合的無意識の中に包含されている、祖先から継承されたシンボル的な図像で、普遍的な人間経験を表象するもの。

コスモロジー　宇宙がいかにして生成したか、そしてそれがいかに動いているかを解き明かす理論。

護符　邪悪なものを退け、幸運を招き寄せると信じられているシンボル的な物体または画像。

ゴルゴネイオン　切断されたゴルゴン・メドゥーサの首を表すギリシャ-ローマ時代のシンボル。邪悪なものを怯えさせ、退散させる力があると信じられていた。

サイコポンプ　死者の魂を現世か

ら冥界へと運ぶ存在（神、天使、動物など）。

サポーター　大紋章において、中央の盾を両側から支えるようにして立っている生き物。

サムサラ（輪廻転生）　ヒンドゥー教と仏教の教義で、生と死、再生の永遠のサイクルのこと。

サムライ　日本の貴族的戦士階級。

サンクフォイル　紋章学で使われる5弁の花を意匠化したもの。

三区分　占星術において、4つの宮によって共有されているある性質（活動宮、不動宮、柔軟宮）。

氏族　血縁集団を表す用語で、多くの場合共通の祖先を持つ。

シャクティ　ヒンドゥー教および密教で、活動的で創造的な女神的エネルギーを表す。

写本　古代の文書を手書きで複写した本や文書。本物は原本または正本という。

シュールレアリズム　20世紀ヨーロッパに、フロイトの理論に影響を受けて興った芸術運動で、無意識によって創造される空想的で夢幻的なイメージを表現する。

習合　異なった宗教または信仰の種々の要素が融合していくこと。

狩猟のまじない　原始時代の人間が岩窟などの壁面に狩猟動物の絵を描くことによって、狩猟の成功を願った儀式的行為。

シンボリズム　ヨーロッパ美術史において、19世紀後半から20世紀初めにかけて興った運動で、シンボル的な図像や技法を重視する。

シンボル　それ自身とは異なるものを表現する何か。

持物　神や聖人を同定し象徴する物体または特徴で、一緒に描かれたり、身につけられたりしているもの。

スカリフィケーション（傷痕文様）　故意に皮膚に傷を作り、部族的なアイデンティティーを示す模様を作る慣習。

ステータント・ガーダント　紋章学で、動物が顔を正面にし4本足で立っている姿のこと。

ステラ　直立した石の厚板で、文字が書かれたり装飾を施されたりしているもの。

ストゥーパ　仏教あるいはジャイナ教のドーム型の記念碑的建築物。

砂絵　儀式のために、さまざまな色の砂や乾燥したものの粒で地面に聖なる図像を描くもので、北アメリカのナバホ族のものが有名（世界中いたる所で見られる）。

セラフィム　ユダヤ－キリスト教の天使の階級の1つ。

ソーマ（神酒）　ヒンドゥー教で人を陶酔させる液体のこと。

ソニック　天上に対する地下世界のこと

体液　人間の性格を決定づけると考えられていた4つの液体。

太極図　中国道教の根本原理を表す図案化された円で、陰と陽の理想的な相関関係を表す。

大紋章（アチーブメント・オブ・アームズ）　紋章の構成要素をすべて有するものを、紋章学では大紋章と呼ぶ。要素としては、盾、兜、兜飾り、リース、王冠、マント、サポーターなどがある。

タブレタ　北アメリカ南西部先住民族の儀式において、踊り手が被る大きな頭飾り。カチナ人形にも再現されている。

タロット　ヨーロッパに古くから伝わる、22枚の大アルカナ・カードと56枚の小アルカナ・カードを使って行う占い。

タンカ　チベットやネパールのタントリック仏教において経典の内容を絵画や織物などの平面に表したものの総称。

タントリズム　宇宙的な性概念を基本とするヒンドゥー教および仏教の神秘的な形態。

チャージ　紋章学における盾（オーディナリー）に描かれているシンボルまたは紋章の総称。

チャクラ　サンスクリット語で、「車輪」または「円」を表す。「八輻のダルマ・チャクラ」は、仏教の法輪を表す。

ティンクチャー　紋章学における色のこと。

デクスター　紋章学で、盾の持ち主から見て右側をさし、盾を正面から見るものにとっては左側をさす。

テュルソス　ギリシャ－ローマの酒の神バッカス／ディオニュソスとその信徒の持物で、葡萄の蔓や葉の巻きついた、先端に松かさのある杖。

動物寓話集　動物や空想上の生き物が登場する、説話的、道徳的な絵画を集めた画集で、中世ヨーロッパで盛んに制作された。

トーテム　氏族や部族のアイデンティティとなっているシンボルで、多くが共通の先祖を表す。

トリグラム　3本の線で構成されるシンボル。

トリックスター　神話に登場する存在で、そのエネルギッシュで奇妙な振る舞いが、有益であったり破壊的であったりするもの。

ドリームタイム　オーストラリア・アボリジニの信仰において、始原の精霊と始祖的存在が、大地とその構成要素を創造する時代をさす。

トリムルティ　サンスクリット語で「3つの形態を有する」という意味で、ヒンドゥー教ではブラフマン、ヴィシュヌ、シヴァの3神を表す。

ドルジェ　ヴァジュラの項を参照

ニルヴァーナ（涅槃）　仏教およびヒンドゥー教の用語で、サムサラ（輪廻転生）からの脱却を意味する。

根付け　彫刻を施した留木のことで、日本では1つの工芸分野に発展した。

ノーメン　ラテン語で「名前」を意味し、古代エジプトのファラオの誕生名のこと。

ヴァジュラ（金剛杵）　「雷光」または「金剛」を具象化した法具で、ヒンドゥー教や仏教の一部の神々の持物。ドルジェともいう。

八卦トリグラム　古代中国の図像体系で、8つのトリグラムで、陰と陽のさまざまな相互関係を示すもの。

ヴァニタス　ラテン語で「空虚」を意味する言葉で、人生のはかなさや死の不可避性を静物画によってシンボル的に描く西洋美術の一潮流。

ヴァハナ　ヒンドゥー教の神々の乗り物の総称。

ヴェヴェ　ヴードゥー教の儀式で用いられる神々や精霊を表すシンボル的絵模様。

パワー・シンボル　呪術的な能力を持ち、それを持つ者にその力を授けると信じられているシンボル（多くが生き物の図像）。

反偶像主義　人間や動物の具象的な姿で表さず、シンボルの意味によってある観念、実在を表すこと。

パンテオン　ある宗教における神々の総体を表す。

ヒエログリフ　古代エジプトの表記体系に使われた絵文字。

表意文字　対象または概念を表す表記されたシンボル。

表音文字　ある音を示す表記文字。

表語文字　1字である語または語句を表す表記文字。

ピクトグラム（絵文字）　ある語または語句を表す表記されたシンボル。

フィールド　紋章学において、盾またはフラッグの背景をさす。

フォルム・ライン　北アメリカ大陸北西沿岸地域先住民の絵画において、動物を描く時に使われる意匠化された太い線の体系。

仏足跡　仏陀の足跡

プット／プッティ　イタリア語で、少年・少年たちを意味し、アモレット／アモレッティ、あるいはケルブともいわれる。西洋絵画で描かれる小さな、丸ぽちゃの少年で、翼を持つものもある。

プラエノーメン（即位名）　ラテン語で「前の名前」を意味し、古代エジプトのファラオが即位したときに付けられる名前。

ブリジュア　ケイデンシーの項を参照。

ブレイゾン　紋章記述の言語のことで、英国紋章学の要素をさす。

ヘキサグラム　1）六芒星のこと。2）易経において6本の平行な、破断した線または破断していない線によって構成される記号。

ヘルム　紋章学で兜のこと。

変身　形や外見を変えることのできる能力。

ホモニム（同形同音異義語）　同じ音や形の文字で、異なった意味を表すもの。

菩薩　仏教において、悟りを開いた存在であるが、人間を救済するために人間界にとどまることを決意したもの。

マクロコスモス（大宇宙）　全体性を表す巨大で複雑な構造。

マンダラ　サンスクリット語で「円」の意味で、宇宙または意識を表象したもので、特に仏教では瞑想の道具として使われる。

ミクロコスモス（小宇宙）　それよりもはるかに巨大なものと同等の価値を持つ小さな存在、またはシンボル。たとえば宇宙と対比させた人間存在。

三つ葉模様　三つ葉または3枚の花弁を図案化したもの。

ミューレット（モレット）　三男を表すケイデンシー・マーク。中央に穴の開いていない五芒星の形。

ムドラ（手印）　ヒンドゥー教や仏教で見られる儀式的、シンボル的な手の組み方。

メソアメリカ　中央アメリカのこと。

メソポタミア　アジア南西地域の、チグリスとユーフラテスの2つの河にはさまれた地域とその周辺。

メメント・モリ　ラテン語で、「死ななければならないことを覚えておけ」という意味。死や人生のはかなさを象徴する事物をシンボル的に描いた静物画の総称。

モノグラム　1つまたは数個の文字を組み合わせた意匠。名前の頭文字を組み合わせたものが多い。

モラン　マサイ族の戦士のこと。

紋　日本の紋章

ヤントラ　サンスクリット語で「道具」を意味し、密教において、宇宙をシンボル的に表す複雑な幾何学的図形で、マンダラに類似するもの。

陽　中国道教の根本原理における男性的、肯定的、活動的な宇宙エネルギーのこと。

ヨニ　ヒンドゥー教および密教の美術において、女陰、女性原理、シャクティを表すシンボル。

ラクシャナ　インド亜大陸の宗教における身体的シンボル。仏陀は人間を超越した存在であることを示す32の相（ラクシャナ）を顕示している。

ランゴリ　ヒンドゥー教の色鮮やかなシンボル的砂絵で、伝統的に家の土間に描かれる。

リンガ　ヒンドゥー教と密教において、男根、男性原理、シヴァを象徴するシンボル。

ルーン文字　ゲルマン人が使用したさまざまな種類の神秘的な意味を持つアルファベットで、アングロ・サクソン人のアルファベット、フサークが有名である。

レイブル　ケイデンシー・マークの1つ。水平な横帯から3つの垂れ（ポイントという）が下がっている形で、その持ち主が長男であることを示す

レブス　ラテン語で「事物に関して」という意味で、紋章学においてある言葉や名前を表す判じ物的記号で、多くが持ち主の名前をもじったものが多い。

ロズンジ　未婚のまたは離婚した婦人が持つ紋章において、男性の盾の代わりとなる菱形。

Acknowledgements

PICTURE CREDITS

The publisher would like to thank the following individuals and organisations for their kind permission to reproduce the images in this book. Every effort has been made to acknowledge the pictures, however we apologise if there are any unintentional omissions.

Alamy/Ariadne Van Zandbergen: 68. **Art Archive**/Archaeological Museum Baghdad: 98; Sylvan Barnet and William Burto Collection: 110; Bibliothèque Nationale Paris/Marc Charmet: 224; Bodleian Library Oxford: 8, 222, 232; British Library: 20, 116; British Museum: 148; British Museum/Eileen Tweedy: 22; College of Arms/John Webb: 206. Alfredo Dagli Orti/Bargello Museum Florence: 38; Biblioteca Estense Modena: 220; Biblioteca Nazionale Marciana Venice: 234; Galleria Nazionale dell'Umbria Perugia: 6, 64; Galleria degli Uffizi Florence: 230; Historiska Muséet Stockholm: 176; Musée Guimet Paris: 108; Museo d'Arte Sacra Asciano: 182; Museo Tridentino Arte Sacra Trento: 198; National Gallery Budapest/Alfredo Dagli Orti: 178; Palazzo del Te Mantua: 2, 164; Salamanca University: 214; Suermondt Museum Aachen: 190; University Library Heidelberg: 32. Gianni Dagli Orti: front cover, 10, 50 54, 58, 66, 134; /Archaeological Museum Palermo: 16; Bardo Museum Tunis: 44; Basilique Saint Denis Paris: back cover, 162; Biblioteca Nacional Lisbon: 102; Bibliothèque des Arts Décoratifs Paris: 34, 94, 138, 216; Bibliothèque Municipale Abbeville: 26; Bibliothèque Municipale Rouen: 42; Bibliothèque Municipale Valenciennes: 30, 186; Lucien Biton Collection Paris: 140; Cathedral of Santiago de Compostela: 210; Château de Blois: 24; Egyptian Museum Cairo: 28; Episcopal Museum Vic Catalonia: 200; Mohammed Khalil Museum Cairo: 112; Musée des Arts Africains et Océaniens: 52, 240; Musée Cernuschi Paris: 144, 146; Musée Condé Chantilly: 14; Musée Granet Aix-en-Provence: 12, 148; Musée Guimet Paris: 122, 132, 160; Musée du Louvre Paris: 56, 60, 96, 196; Musée d'Orsay Paris: 8; Musée de Tessé Le Mans: 46; Museo Civico Bolzano: 180; Museo Diocesano Bressanone: 184, 194; Museo Provincial de Bellas Artes Salamanca:188; Museo del Templo Mayor Mexico: 80; Museo de Teotenango Mexico: 88; National Anthropological Museum Mexico: 78; Pinacoteca Nazionale di Siena: 192; Private Collection Istanbul: 100; Private Collection Paris: 118; Real biblioteca de lo Escorial: 218. Global Book Publishing: 238; House of Lords London/Eileen Tweedy: 208; Jarrold Publishing: 36; Kharbine-Tapabor/ Coll. BHVP-Grob: 228; Musée Granet Aix-en-Provence/Laurie Platt Winfrey: 166; National Gallery London/Eileen Tweedy: 170; 172; Private Collection/Marc Charmet: 40, 150; Nicolas Sapieha:136; Adolf Spohr Collection, Gift of Larry Sheerin/Buffalo Bill Historical Center, Cody, Wyoming: 72, 86; Victoria & Albert Museum London/Sally Chappell: 104, 212; Victoria & Albert Museum London/Eileen Tweedy: 106, 124, 130.

Bridgeman Art Library/Bibliotheque Nationale, Paris, France/Archives Charmet: 154; Bildarchiv Steffens: 236; British Museum, London/ Ancient Art and Architecture Collection Ltd: 128; /Giraudon: 168, 202; Horniman Museum, London/Photo ©Heini Schneebeli: 242; Museum of Fine Arts, Houston, Texas/Gift of Miss Ima Hogg: 76; Oriental Museum, Durham University: 158; Private Collection: 126; Private Collection/Archives Charmet: 152; Private Collection/Photo ©Boltin Picture Library: 84; Private Collection/Photo ©Bonhams, London: 62; Royal Geographical Society, London: 114.

Corbis/Tom Bean: 90; Geoffrey Clements: 74;
Craig Lovell: 120; Smithsonian Institution: 92.

Galerie Monnin: ©Galerie Monnin/ André Pierre: 82.

Scala Archives/HIP: 156; Courtesy of the Ministero Beni e Att. Culturali: 204.

Werner Forman Archive/Canterbury Museum, Christchurch: 244; Private collection: 70.

出典 *Resources*

General bibliography

Cooper, J C, *An Illustrated Encyclopaedia of Traditional Symbols* (Thames & Hudson, London, 1978)

Gibson, Clare, *Goddess Symbols: Universal Signs of the Divine Female* (Saraband, Rowayton, 1998)

Gibson, Clare, *The Hidden Life of Art: Secrets and Symbols in Great Masterpieces* (Saraband, Glasgow, 2006)

Gibson, Clare, *Sacred Symbols: A Guide to the Timeless Icons of Faith and Worship* (Saraband, Rowayton, 1998)

Gibson, Clare, *Signs & Symbols: An Illustrated Guide to Their Meaning and Origins* (Saraband, Rowayton, 1996)

Hall, James, *Hall's Illustrated Dictionary of Symbols in Eastern and Western Art* (John Murray, London, 1994)

Shepherd, Rowena, & Shepherd, Rupert, *1000 Symbols: What Shapes Mean in Art & Myth* (Thames & Hudson, London, 2002)

Werness, Hope B, *The Continuum Encyclopedia of Native Art: Worldview, Symbolism & Culture in Africa, Oceania & Native North America* (The Continuum International Publishing Group, New York, 2000)

Africa

Adkins, Lesley & Roy, *The Little Book of Egyptian Hieroglyphs* (Hodder & Stoughton, London, 2001)

Gibson, Clare, *The Hidden Life of Ancient Egypt: Decoding the Secrets of a Lost World* (Saraband, Glasgow, 2009)

Lurker, Manfred, *The Gods and Symbols of Ancient Egypt: An Illustrated Dictionary* (Thames & Hudson Ltd, London, 1980)

McDermott, Bridget, *Decoding Egyptian Hieroglyphs: How to Read the Secret Language of the Pharaohs* (Duncan Baird Publishers, London, 2001)

Owusu, Heike, *African Symbols* (Sterling Publishing Company, New York, 2000)

Robins, Gay, *The Art of Ancient Egypt* (The British Museum Press, London, 1997)

Wilkinson, Richard H, *Reading Egyptian Art: A Hieroglyphic Guide to Ancient Egyptian Painting and Sculpture* (Thames & Hudson Ltd, London, 1992)

The Americas

Feest, Christian F, *Native Arts of North America* (Thames & Hudson, London, 1992)

Kew, Della, and Goddard, P E, *Indian Art and Culture of the Northwest Coast* (Hancock House Publishers, Surrey, BC, 1974)

Miller, Mary, and Taube, Karl, *The Gods and Symbols of Ancient Mexico and the Maya: An Illustrated Dictionary of Mesoamerican Religion* (Thames & Hudson, London, 1993)

Taylor, Colin F, *The Plains Indians: A Cultural and Historical View of the North American Plains Tribes of the Pre-reservation Period* (Salamander Books, London, 1994)

Wherry, Joseph H, *The Totem Pole Indians* (Thomas Y Crowell Company Inc, New York, 1974)

Asia

Frédéric, Louis, *Buddhism* (Flammarion, Paris, 1995)

Gibson, Clare, *The Ultimate Birthday Book: Revealing the Secrets of Each Day of the Year* (Saraband, Rowayton, 1998)

McArthur, Meher, *Reading Buddhist Art: An Illustrated Guide to Buddhist Signs & Symbols* (Thames & Hudson, London, 2002)

Unterman, Alan, *Dictionary of Jewish Lore & Legend* (Thames & Hudson Ltd, London, 1991)

Williams, C A S, *Chinese Symbolism and Art Motifs: A Comprehensive Handbook on Symbolism in Chinese Art Through the Ages* (Tuttle Publishing, North Clarendon, VT, 1974)

Europe

Bedingfeld, Henry, and Gwynn-Jones, Peter, *Heraldry* (Bison Books, London, 1993)

Duchet-Suchaux, G, and Pastoureau, M, *The Bible and the Saints* (Flammarion, Paris, 1994)

Ellwood Post, W, *Saints, Signs and Symbols: A Concise Dictionary* (SPCK, London, 1972)

Fisher, Sally, *The Square Halo & Other Mysteries of Western Art: Images and the Stories that Inspired Them* (Harry N Abrams, New York, 1995)

Fox-Davies, A C, *A Complete Guide to Heraldry* (Thomas Nelson & Sons, London, 1925)

Friar, Stephen, *Heraldry: For the Local Historian and Genealogist* (Alan Sutton Publishing Limited, Stroud, 1992)

Gibson, Clare, *The Hidden Life of Renaissance Art: Secrets and Symbols in Great Masterpieces* (Saraband, Glasgow, 2007)

Gibson, Clare, *The Ultimate Birthday Book: Revealing the Secrets of Each Day of the Year* (Saraband, Rowayton, 1998)

Gibson, Clare, *The Ultimate Book of Relationships: Revealing the Secrets of Compatible Partnerships* (Saraband, Glasgow, 2004)

Green, Miranda J, *Dictionary of Celtic Myth and Legend* (Thames & Hudson, London, 1992)

Oswalt, Sabine G, *Concise Encyclopedia of Greek and Roman Mythology* (Wm Collins Sons & Co, Glasgow, 1969)

Oceania

Caruana, Wally, *Aboriginal Art* (Thames & Hudson, London, 1993)

Lewis, David, and Forman, Werner, *The Maori Heirs of Tane* (Orbis Publishing, London, 1982)

Thomas, Nicholas, *Oceanic Art* (Thames & Hudson, London, 1995)

USEFUL WEBSITES

Africa
Adinkra Symbols and Meanings
www.welltempered.net/adinkra/htmls/adinkra_index.htm
www.africawithin.com/tour/ghana/adinkra_symbols.htm

The Americas
Northwest Coast Native Art
www.pathgallery.com

Native American Symbols and Meanings
www.buckagram.com/buck/symbols
www.collectorsguide.com/fa/fa040.shtml

Asia
Online Asian art gallery
www.orientaloutpost.com

Europe
The British Museum
www.britishmuseum.org/explore/explore_introduction.aspx

The Metropolitan Museum of Art/the Heilbrunn Timeline of Art History
www.metmuseum.org/toah/

The National Gallery
www.nationalgallery.org.uk/collection/default.htm

Oceania
Galleries of Aboriginal Art
www.aboriginal-art.com
www.aboriginalartonline.com
www.aboriginalartstore.com.au

索引 *Index*

た

な

は

A CIP catalogue record for this book is available from the British Library

Printed in China

This book was conceived, designed and produced by
IVY PRESS
210 High Street
Lewes, East Sussex BN7 2NS, UK

CREATIVE DIRECTOR Peter Bridgewater
PUBLISHER Jason Hook
EDITORIAL DIRECTOR Caroline Earle
ART DIRECTOR Michael Whitehead
DESIGN JC Lanaway
ILLUSTRATIONS John Fowler
PICTURE MANAGER Katie Greenwood

HOW TO READ SYMBOLS
シンボルの謎を解く

著　者：
クレア・ギブソン（Clare Gibson）
ロンドン大学で近代史、中世史を修めた後、著作家兼編集者として主にシンボリズム、美術、歴史、系譜学に関する書籍の出版に携わる。著書に、『The Hidden Life of Ancient Egypt: Decoding the Secrets of a Lost World』、『The Hidden Life of Art: Secrets and Symbols in Great Masterpieces』、『The Hidden Life of Renaissance Art: Secrets and Symbols in Great Masterpieces 』など。

翻訳者：
乙須 敏紀（おとす としのり）
九州大学文学部哲学科卒業。訳書に『シンボルの謎バイブル』『シンボル of 聖なる秘儀』（いずれも産調出版）など。

発　　行　2011年10月1日
発 行 者　平野　陽三
発 行 元　**ガイアブックス**
〒169-0074 東京都新宿区北新宿3-14-8／TEL.03（3366）1411　FAX.03（3366）3503
http://www.gaiajapan.co.jp
発 売 元　産調出版株式会社

ISBN978-4-88282-809-9 C0014
Printed in China